中等职业教育
改革创新
系 列 教 材

F I N A N C I A L   A C C O U N T I N G

周会林 刘辉

主编

马宇宸 杨爱华

副主编

财务管理基础

人民邮电出版社

北 京

图书在版编目（CIP）数据

财务管理基础 / 周会林，刘辉主编. -- 北京：人民邮电出版社，2024.5
中等职业教育改革创新系列教材
ISBN 978-7-115-63871-7

Ⅰ. ①财… Ⅱ. ①周… ②刘… Ⅲ. ①财务管理－中等专业学校－教材 Ⅳ. ①F275

中国国家版本馆CIP数据核字(2024)第047660号

内 容 提 要

本书以社会对中等职业教育人才的需求变化为着眼点，以培养学生掌握财务管理方面的实用理论、实用技能为目标，融专业知识、专业技能、专业心理教育和情感教育于一体，采用突出实用、能用、够用的编写原则，力求做到理实一体，贴近实际。本书按照企业财务管理活动过程和任务组织内容，主要内容有如何正确认识财务管理、如何正确进行财务估价、如何进行筹资管理、如何进行投资管理、如何进行营运资金管理、如何进行利润分配管理等。通过学习本书，学生可以建立现代财务管理理念，熟知现代财务管理方法，掌握财务管理技能，培养财务管理能力。

本书可作为中等职业学校财经商贸类专业的教材，也可以作为在岗财务人员的培训教材或自学用书。

◆ 主　　编　周会林　刘　辉
　　副主编　马宇宸　杨爱华
　　责任编辑　王　振
　　责任印制　王　郁　彭志环

◆ 人民邮电出版社出版发行　　北京市丰台区成寿寺路 11 号
　　邮编　100164　电子邮件　315@ptpress.com.cn
　　网址　https://www.ptpress.com.cn
　　三河市兴达印务有限公司印刷

◆ 开本：787×1092　1/16
　　印张：12.5　　　　　　　　　　　2024 年 5 月第 1 版
　　字数：205 千字　　　　　　　　　2024 年 5 月河北第 1 次印刷

定价：42.00 元

读者服务热线：(010)81055256　印装质量热线：(010)81055316
反盗版热线：(010)81055315
广告经营许可证：京东市监广登字 20170147 号

FOREWORD

前　言

本书旨在通过职业性、综合性、实用性和创新性的展现，帮助学生通过对实际案例的分析去理解和掌握财务管理的基本理论，增加学生结合实际问题思考的机会，使学生学会解决实际问题的基本思路、技巧和方法。

为实现上述目标，本书安排了六个项目。前两个项目是基础知识，主要包括如何正确认识财务管理、如何正确进行财务估价，特别注重财务管理的一些基本方法的训练。项目三至项目六是实务操作，主要包括如何进行筹资管理、如何进行投资管理、如何进行营运资金管理、如何进行利润分配管理。

本书主要特色如下。

（1）有机融入素养元素，德技并修。

"教育是国之大计、党之大计"，本书以党的二十大精神为引领，全面贯彻党的教育方针，落实立德树人根本任务。本书根据每个项目的专业内容确立素养目标，在"素养贴士"中融入相关的素养育人元素，力求"价值塑造、能力培养、知识传授"三位一体。

（2）形式新，突出职业教育特色。

本书每个项目设计有知识目标、能力目标、素养目标，使学生能够明确学习目标，并通过"案例导航"激发学生学习兴趣；在文中穿插了"以知促行""情境案例""课堂小测试""知识拓展"等栏目，内容深入浅出，打破了传统教材枯燥乏味的编排弊端，增强了内容可读性和课堂互动性。

（3）选取内容难度适度。

本书针对中等职业学校学生的心理特点和知识结构，尽量避免烦琐的理论阐述，使内容更加符合中等职业学校学生的认知特点，以期更好地反映企业财务管理岗位职业能力要求。

（4）案例选取精练贴切。

为了更好地让学生理解各项目知识点，我们精心挑选了与教学内容密切相关的短小精悍、生动活泼的案例，以激发学生的学习兴趣，并且通过引导学生进行案例分析，训练学生综合分析的能力和解决问题的能力。

总之，本书结合学生的实际需要来编写，详略得当、深浅适度，重视理论与实践的结合，突出了学生"怎么做"的训练。

本书由南京财经高等职业技术学校的周会林、淄博职业学院的刘辉任主编，天津第一商业学校的马宇宸、广西梧州商贸学校的杨爱华任副主编。

由于编者水平有限，书中难免存在不足之处，敬请广大读者批评指正。

编者

2024 年 4 月

CONTENTS

目　　录

项目一

如何正确认识财务管理

🔐 学习目标

知识目标

1. 了解财务管理的含义及基本内容。

2. 熟悉财务管理的目标。

3. 了解财务管理的基本工作环节。

4. 熟悉财务管理的内外环境。

能力目标

1. 具备通过环境分析、结合企业客观条件选择适合自身发展的财务管理目标的方法和技能。

2. 能够正确认知企业财务管理的工作环节。

素养目标

1. 树立宏观意识、大局意识、集体主义精神。

2. 树立正确的人生观、价值观。

3. 培养经世济民、产业报国的职业精神和职业道德。

📖 案例导航

"给我一个支点，我就可以撬动地球！"创业是很能体现自我价值的事情，古今中外很多成功者正是凭着这样一股豪情，开创出惊天动地的事业。然而，创业也是很具挑战性的事情，商海茫茫，变化无常，有成功自然也会有失败。

李航是刚刚毕业的大学生，他没有像其他同学一样找一家公司上班，而是选择了自主创业。他运用在大学里所学到的知识，以及利用假期参与各类实习所积累的一些工作经验，在反复进行可行性论证后，拟在某高校附近开一家文印室。

万事开头难。李航需要解决的问题有很多，如文印室的选址和房屋租赁，房屋装修与设计，工商、税务登记与银行开户，设备购买与员工招聘，等等。

从财务管理的角度出发，李航梳理出他认为最需要解决的事项。

（1）文印室开业需要花多少钱；这些钱从何而来；如果资金不足，如何筹措资金。

（2）文印室应如何经营。

（3）文印室未来的发展规划与预期收益如何分配。

【思考】

如果你是李航的财务顾问，你该如何帮他规划、管理与财务相关的问题？

任务一　什么是财务管理

✏️ 任务描述

了解企业的组织形式，熟悉财务管理的内涵。

📖 相关知识

👤 一、企业及其组织形式

企业是从事生产、流通、服务等经济活动，以生产或服务满足社会需要，实行自主经营、独立核算、依法设立的一种营利性的社会组织。人类社会主要存在着三种社会组织形式，即营利性组织（企业）、政府组织和非营利性组织。在当今社会，企业的组织形式主要有三种：个人独资企业、合伙企业和公司制企业。

（一）个人独资企业

个人独资企业是由一个自然人投资，全部资产为投资者个人所有，全部债务由投资者个人承担的经营实体。个人独资企业的特点主要有：个人出资经营、归个人所有和控制、由个人承担全部经营风险和全部收益，出资者对企业债务承担无限责任。个人独资企业不需要缴纳企业所得税，只需由出资者缴纳个人所得税。

（二）合伙企业

合伙企业是由两个或两个以上的合伙人通过订立合伙协议，共同出资经营、共负盈亏、共担风险，并对合伙债务承担无限连带责任的企业组织形式。合伙企业的特点主要有：多人（两人及两人以上）出资经营、合伙人共同所有和控制，可以分散风险，合伙人对企业债务承担无限连带责任。合伙人转让其所有权时需取得其他合伙人的同意。合伙企业的生产经营所得和其他所得，按照国家有关税收规定，由合伙人分别缴纳所得税。

（三）公司制企业

公司制企业一般简称为公司。公司是指由投资者依法出资组建，有独立法人财产，自主经营、自负盈亏的法人企业。公司是经政府注册的营利性法人组织，独立于所有者和经营者。在我国，公司有股份有限公司和有限责任公司两种形式。公司的特点主要有：组建成本高、筹资渠道多、存在代理问题、控制权易分散、所有权易转让，出资者按出资额对公司债务承担有限责任。公司需要缴纳企业所得税，出资者取得公司分配的利润还需要缴纳个人所得税。

💬 **想一想**

我们熟知的五粮液、娃哈哈、青岛啤酒、伊利、蒙牛等品牌，属于什么企业类型呢？

二、财务管理的内涵

财务管理是企业管理的一部分。财务管理是基于企业再生产过程中客观存在的财务活动和财务关系而产生的，它是利用价值形式对企业再生产过程进行的管理，是组织财务活动、处理财务关系的一项综合性管理工作。

（一）财务活动

企业再生产过程表现为价值运动或资金运动的过程，而资金运动的形式是通过一定的财务活动内容来实现的。所谓企业的财务活动，是指企业再生产过程中的资金运动，即筹集、运用、分配资金的一系列行为，具体如表 1-1 所示。

表 1-1　企业财务活动

内容	说明
筹资活动	企业为了满足投资和资金营运的需要，筹措所需资金的行为
投资活动	企业将自有或对外所筹集的资金投放到生产经营活动中或对外进行投资的活动
资金营运活动	企业为了维持日常生产经营活动而发生的系列资金收付业务的活动
利润分配活动	企业通过经营活动形成经营成果，根据企业经营战略和股东的意愿分配利润的过程

上述财务活动的各个方面是相互联系、相互依存的，它们构成了一个完整的财务活动过程。

素养贴士

统筹城乡就业政策体系，破除妨碍劳动力、人才流动的体制和政策弊端，消除影响平等就业的不合理限制和就业歧视，使人人都有通过勤奋劳动实现自身发展的机会。

（二）财务关系

企业财务关系是指企业在组织财务活动的过程中，与有关各方所发生的经济利益关系。企业在资金的筹集、使用、营运和分配过程中，与各方面有着广泛的联系，因此必然会与利益相关者发生关系。企业的财务关系如图 1-1 所示。

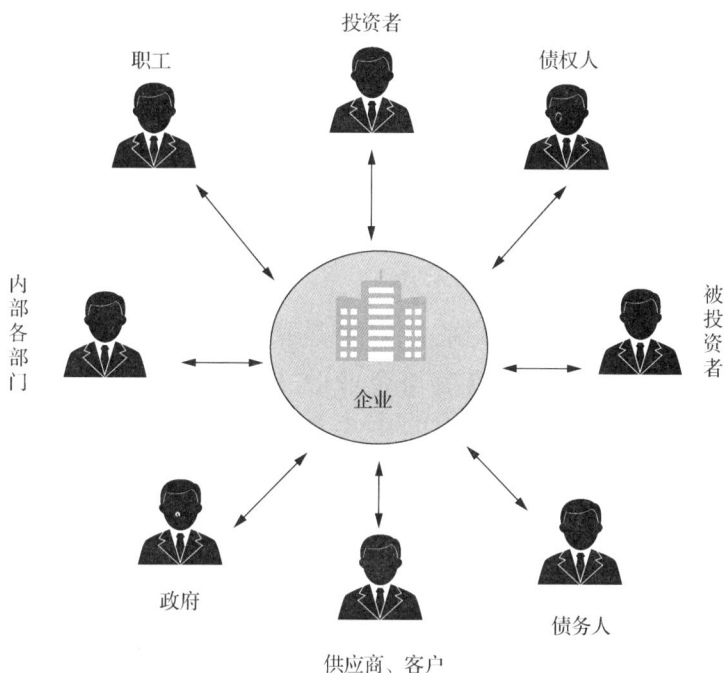

图 1-1　企业的财务关系

1. 企业与投资者（所有者）之间的财务关系

企业与投资者（所有者）之间的财务关系，主要是指企业的投资者向企业投入资金，企业向投资者支付投资报酬所形成的经济关系。企业与投资者（所有者）之间的财务关系体现的是一种所有权性质的受资与投资的关系。

2. 企业与债权人之间的财务关系

企业与债权人之间的财务关系，主要是指企业向债权人借入资金，并按合同的约定，按时支付利息和归还本金所形成的经济关系。企业与债权人之间的财务关系体现的是一种债务与债权的关系。

3. 企业与被投资者之间的财务关系

企业与被投资者之间的财务关系，主要是指企业以购买股票、联营投资、并购投资等方式向外投出资金所形成的经济关系。企业与被投资者之间的财务关系体现的是一种所有权性质的投资与受资的关系。

4. 企业与债务人之间的财务关系

企业与债务人之间的财务关系，主要是指企业购买债券、向债务人提供借款或商业信用等所形成的经济关系。企业与债务人之间的财务关系体现的是一种债权与债务的关系。

5. 企业与供应商、企业与客户之间的财务关系

企业与供应商、企业与客户之间的财务关系，主要是指企业购买供应商的产品或劳务、企业向客户销售产品或提供劳务所形成的经济关系。

6. 企业与政府之间的财务关系

企业与政府之间的财务关系，主要是指政府承担社会管理者的职能，利用政治权力，强制和无偿地参与企业收入和利润分配所形成的一种分配关系。企业必须按照法律或法规向中央和地方政府缴纳各种税款，这种财务关系是一种强制和无偿的分配关系。

7. 企业内部各部门之间的财务关系

企业内部各部门之间的财务关系，主要是指企业内部各部门之间在生产经营各环节中相互提供产品或劳务所形成的经济关系。为了明确各责任单位的责任与利益，责任单位之间相互提供产品或劳务，也需要进行计价结算。这种财务关系体现了企业内部各部门之间的利益关系。

8. 企业与职工之间的财务关系

企业与职工之间的财务关系，主要是指企业向职工支付劳动报酬过程中所形成的经济关系。企业与职工之间的财务关系体现的是企业与职工在劳动成果上的分配关系。

📖 案例与思考

2018年4月26日，格力电器一份不分红方案使得其股价逼近跌停，市值缩水270亿元，同时还收到了深交所的关注函。对此，26日晚，格力电器回复称，将"尽快明确资金需求和现金流测算，充分考虑投资者诉求，进行2018年度中期分红"。

请思考：事件中涉及企业的哪些财务关系？

任务二　财务管理做什么

任务描述

了解财务管理的职能，掌握财务管理的内容和目标。

相关知识

一、财务管理的职能

财务管理的职能是决策、计划和控制。计划是决策的结果，而控制则是计划的执行过程并以计划作为控制的标准，所以财务决策、财务计划及财务控制就形成了财务管理的循环，贯穿企业经营的全过程。财务管理的职能如图 1-2 所示。

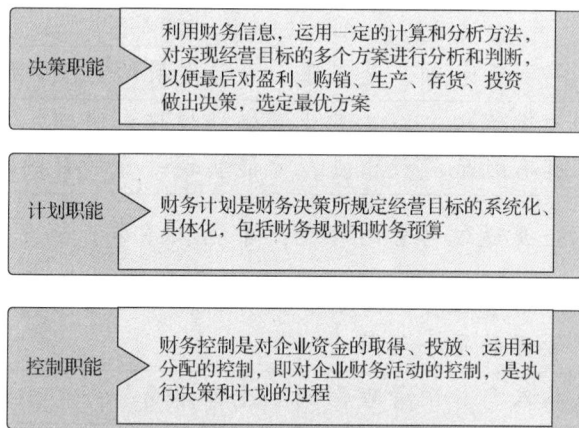

决策职能	利用财务信息，运用一定的计算和分析方法，对实现经营目标的多个方案进行分析和判断，以便最后对盈利、购销、生产、存货、投资做出决策，选定最优方案
计划职能	财务计划是财务决策所规定经营目标的系统化、具体化，包括财务规划和财务预算
控制职能	财务控制是对企业资金的取得、投放、运用和分配的控制，即对企业财务活动的控制，是执行决策和计划的过程

图 1-2　财务管理的职能

情境案例

蓝天公司是经营机电设备的一家国有企业。改革开放以来，该公司由于重视开拓新的市场和保持良好的资本结构，因此逐渐在市场上站稳了脚跟，同时也使公司得到了不断发展和壮大，在建立现代公司制度的过程中走在了时代的前面。为进一步拓展国际市场，公司需要在国外建立一个全资子公司。目前，公司的资本来源包括面值为 1 元的普通股 1 000 万股和平均年利率为 10% 的负债 3 200 万元，预计公司当年能实现息税前利润 1 600 万元。开办这个全资子公司就是为了培养新的利润增长点，该全资子公司需要投资 4 000 万元。预计该全资子公司建成投产之后会为公司增加销售收入 2 000 万元，其中变动成本为 1 100 万元，固定成本为 500 万元。该项资金来源有三种筹资方式：①以 11% 的年利率发行债券；②按面值发行股利率为 12% 的优先股；③按每股 20 元的价格发行普通股。

在不考虑财务风险的情况下，试分析该公司应选择哪一种筹资方式。（此案例反映了财务管理的决策职能。）

二、财务管理的内容

财务管理的内容反映企业资金运动的全过程，具体来说包括下述几项，如表 1-2 所示。

表 1-2 财务管理的内容

内容	说明
筹资管理	筹资是基础，是企业生存与发展的前提，同时制约投资活动
投资管理	投资决定了企业需要筹资的规模和时间，并且企业的资金只有有效地投放出去，才能实现筹资的目的
营运资金管理	企业通过资金的营运，才能取得筹资和投资的成果
成本管理	成本管理贯穿筹资、投资和营运活动的全过程，渗透在财务管理的每个环节
收入与分配管理	收入与分配管理影响上述各方面

三、财务管理的目标

企业的目标就是创造财富（或价值）。一般而言，企业财务管理的目标就是为实现企业创造财富（或价值）这一目标服务的。企业财务管理目标有如下几种具有代表性的理论。

（一）利润最大化

利润最大化就是企业财务管理以实现利润最大为目标。以利润最大化作为财务管理目标，其主要原因有三：一是人类从事生产经营活动的目的是创造更多的剩余产品，在市场经济条件下，剩余产品的多少可以用利润这个指标来衡量；二是在自由竞争的资本市场中，资本的使用权最终属于获利最多的企业；三是只有每个企业都最大限度地创造利润，整个社会的财富才可能实现最大化，从而带来社会的进步和发展。

知识拓展

利润最大化的优缺点见表1-3。

表1-3 利润最大化的优缺点

优点	有利于企业资源的合理配置，提高整体经济效益
缺点	没有考虑利润实现时间和资金时间价值；没有考虑风险问题；没有反映创造的利润与投入资本之间的关系，可能导致企业短期行为倾向，影响企业长远发展

（二）股东财富最大化

股东财富最大化是指企业财务管理以实现股东财富最大为目标。在上市公司，股东财富是由其所拥有的股票数量和股票市场价格两方面决定的。在股票数量一定时，股票价格达到最高，股东财富也就达到最大。

知识拓展

股东财富最大化的优缺点见表1-4。

表1-4 股东财富最大化的优缺点

优点	（1）风险会影响股价，通常风险越大，股价越低——考虑了风险； （2）股价反映的是企业的长期未来，买股票即买企业的未来——避免企业短期行为； （3）对上市公司而言，由于股东持股数量和股价两个参数容易获得，故股东财富容易量化，便于考核和奖惩
缺点	（1）通常只适用于上市公司，非上市公司难于应用（股价不易获得，股东财富难以确定）； （2）股价受众多因素影响，股价不能完全准确反映企业财务管理状况； （3）更多强调的是股东利益，对其他相关者利益重视不够

（三）企业价值最大化

企业价值可以理解为企业所有者权益和债权人权益的市场价值，或者是企业所能创造的预计未来现金流量的现值。未来现金流量这一概念，包含了资金时间价值和风险价值两个方面的因素。企业价值最大化目标要求企业通过采用最优的财务政策，充分考虑资金时间价值和风险与收益的关系，在保证企业长期稳定发展的基础上使企业总价值达到最大。

知识拓展

企业价值最大化的优缺点见表 1-5。

表 1-5　企业价值最大化的优缺点

优点	（1）考虑了取得收益的时间，并用资金时间价值的原理进行了计量（现值）； （2）考虑了风险与收益的关系（计算现值需要折现率，折现率考虑了风险因素，风险越大折现率越高）； （3）能克服企业在追求利润上的短期行为（未来现金流量）； （4）利用具有客观性的价值代替价格，避免了过多外界市场因素的干扰，避免短期行为（价格围绕价值波动）
缺点	（1）过于理论化，不易操作（折现计算中，很多参数都需要通过模型计算，非常繁杂）； （2）非上市公司的价值只能通过专门评估确定，难免具有主观性

（四）相关者利益最大化

股东作为企业所有者，在企业中拥有最高的权力，并承担着最大的义务和风险，但是债权人、员工、企业经营者、客户、供应商和政府也为企业承担着风险。因此，企业的利益相关者不仅包括股东，还包括债权人、员工、企业经营者、客户、供应商、政府等。在确定企业财务管理目标时，不能忽视这些相关利益群体的利益。

知识拓展

相关者利益最大化的优缺点见表 1-6。

表 1-6　相关者利益最大化的优缺点

优点	体现合作共赢理念，兼顾各方利益，有利于企业长期稳定发展，实现了现实性和前瞻性的统一
缺点	过于理想化，难以完美实施

任务三　怎样做财务管理

任务描述

熟悉财务管理的环节，了解影响财务管理的环境。

相关知识

一、财务管理的环节

财务管理环节是企业财务管理的工作步骤与一般工作程序。一般而言，企业财务管理包括以下几个环节，如图 1-3 所示。

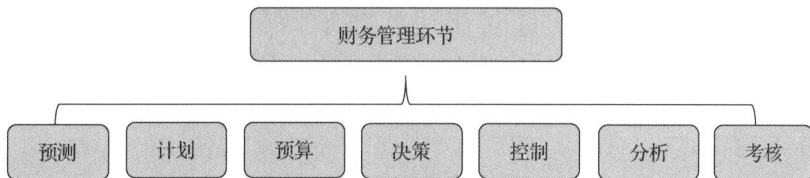

图 1-3　财务管理环节

（一）计划与预算

1. 财务预测

财务预测是根据企业财务活动的历史资料，考虑现实的要求和条件，对企业未来的财务活动做出较为具体的预计和测算的过程。财务预测的方法主要有定性预测和定量预测两类。定性预测法，主要是利用直观材料，依靠个人的主观判断和综合分析能力，对事物未来的状况和趋势做出预测的一种方法；定量预测法，主要是根据变量之间存在的数量关系建立数学模型来进行预测的方法。

2．财务计划

财务计划是根据企业整体战略目标和规划，结合财务预测的结果，对财务活动进行规划，并以指标形式落实到每一计划期间的过程。确定财务计划指标的方法一般有平衡法、因素法、比例法和定额法等。

3．财务预算

财务预算是根据财务战略、财务计划和各种预测信息，确定预算期内各种预算指标的过程。它是财务战略的具体化，是财务计划的分解和落实。

财务预算的编制方法通常包括固定预算与弹性预算、增量预算与零基预算、定期预算与滚动预算等。

（二）决策与控制

1．财务决策

财务决策是指按照财务战略目标的总体要求，利用专门的方法对各种备选方案进行比较和分析，从中选出最佳方案的过程。财务决策是财务管理的核心，决策的成功与否直接关系到企业的兴衰成败。

财务决策的方法主要有两类：一类是经验判断法，是根据决策者的经验来判断选择，常用的方法有淘汰法、排队法、归类法等；另一类是定量分析方法，常用的方法有优选对比法、数学微分法、线性规划法、概率决策法等。

2．财务控制

财务控制是指利用有关信息和特定手段，对企业的财务活动施加影响或调节，以便实现计划所规定的财务目标的过程。

财务控制的方法通常有前馈控制、过程控制、反馈控制几种。财务控制措施一般包括预算控制、运营分析控制和绩效考评控制等。

（三）分析与考核

1．财务分析

财务分析是指根据企业财务报表等信息资料，采用专门方法，系统分析和评价企业财务状况、经营成果以及未来趋势的过程。

财务分析的方法通常有比较分析法、比率分析法和因素分析法等。

2. 财务考核

财务考核是指将报告期实际完成数与规定的考核指标进行对比，确定有关责任单位和个人完成任务的过程。财务考核的形式多种多样，可以用绝对指标、相对指标、完成百分比考核，也可以采用多种财务指标进行综合考核。

📖 情境案例

20世纪80年代，苏志刚还是一个卖猪肉的个体户，经过多年的飞跃发展，到2018年身家已达55亿元。1988年，苏志刚向当地农村信用社贷款5万元，开了一家大排档式的"香江酒家"，生意出奇红火。

1990年，苏志刚向农村信用社贷款30万元，把"香江酒家"办成高档次的酒楼，以特色形成品牌，获利丰厚，并因此获得了原始的资本积累。

1997年，苏志刚向农村信用社和银行贷款数千万元，用于筹建番禺香江野生动物园，吸引了众多的游客。这时苏志刚的财富迅速膨胀。

2000年，苏志刚再次向农村信用社和银行贷款上亿元，用于扩大野生动物园的规模，并建立了我国唯一、世界最大的夜间动物园——长隆夜间动物园。

2001年，苏志刚按照国际五星级酒店标准，筹资数亿元，在长隆夜间动物园内建造了一座独特的主题式酒店。

2015年，清远长隆国际森林度假区项目正式动工。

苏志刚的每一次飞跃发展，都离不开一次次成功的融资活动，其创业史是融资活动推动企业超常规发展的一个经典案例。

👤 二、财务管理环境

财务管理环境是指对企业财务活动和财务管理产生影响作用的企业内外各种条件的统称，主要包括技术环境、经济环境、金融环境、法律环境等。

（一）技术环境

财务管理的技术环境，是指财务管理得以实现的技术手段和技术条件，它决定着财务管理的效率和效果。

（二）经济环境

在影响财务管理的各种外部环境中，经济环境是最为重要的。

经济环境内容十分广泛，包括经济体制、经济周期、经济发展水平、宏观经济政策及通货膨胀水平等。

1. 经济体制

在计划经济体制下，国家统筹企业资本、统一投资、统负盈亏，企业利润统一上缴、亏损全部由国家补贴，企业虽然是一个独立的核算单位，但无独立的理财权。财务管理活动的内容比较单一，财务管理方法比较简单。在市场经济体制下，企业成为"自主经营、自负盈亏"的经济实体，有独立的经营权，同时也有独立的理财权。因此，财务管理活动的内容比较丰富，方法也复杂多样。

2. 经济周期

市场经济条件下，经济发展与运行带有一定的波动性，大体上经历复苏、繁荣、衰退和萧条几个阶段的循环，这种循环叫作经济周期。

在经济周期的不同阶段，企业应采用不同的财务管理战略。西方财务学者探讨了经济周期中不同阶段的财务管理战略,现择其要点归纳如表 1-7 所示。

表 1-7　经济周期中不同阶段的财务管理战略

复苏	繁荣	衰退	萧条
1. 增加厂房设备	1. 扩充厂房设备	1. 停止扩张	1. 建立投资标准
2. 实行长期租赁	2. 继续建立存货储备	2. 出售多余设备	2. 保持市场份额
3. 建立存货储备	3. 提高产品价格	3. 停产不利产品	3. 压缩管理费用
4. 开发新产品	4. 开展营销规划	4. 停止长期采购	4. 放弃次要利益
5. 增加劳动力	5. 增加劳动力	5. 削减存货	5. 削减存货
		6. 停止扩招雇员	6. 裁减雇员

3. 经济发展水平

财务管理的发展水平是和经济发展水平密切相关的，经济发展水平越高，财务管理水平也越高。

4．宏观经济政策

不同的宏观经济政策，对企业财务管理影响不同。金融政策中的货币发行量、信贷规模会影响企业投资的资金来源和投资的预期收益；财税政策会影响企业的资金结构和投资项目的选择等；价格政策会影响资金的投向和投资的回收期及预期收益；会计制度的改革会影响会计要素的确认和计量，进而对企业财务活动的事前预测、决策及事后的评价产生影响等。

5．通货膨胀水平

通货膨胀对企业财务管理活动的影响是多方面的，主要表现如下。
（1）引起资金占用的大量增加，从而增加企业的资金需求。
（2）引起企业利润虚增，造成企业资金由于利润分配而流失。
（3）引起利率上升，加大企业筹资成本。
（4）引起有价证券价格下降，增加企业的筹资难度。
（5）引起资金供应紧张，增加企业的筹资困难。

为了减轻通货膨胀对企业造成的不利影响，企业应当采取措施予以防范。在通货膨胀初期，货币面临贬值的风险，这时企业进行投资可以避免风险，实现资本保值；与客户签订长期购货合同，以减少物价上涨造成的损失；取得长期负债，保持资本成本的稳定。在通货膨胀持续期，企业可以采用比较严格的信用政策，减少企业债权；调整财务政策，防止和减少企业资本流失等。

（三）金融环境

1．金融机构

金融机构主要是指银行和非银行金融机构。银行是指经营存款、放款、汇兑、储蓄等金融业务，承担信用中介的金融机构，包括各种商业银行和政策性银行。非银行金融机构主要包括保险公司、信托投资公司、证券公司、财务公司、金融资产管理公司、金融租赁公司等机构。

2．金融工具

金融工具是指形成一方的金融资产并形成其他方的金融负债或权益工具的合同。借助金融工具，资金从供给方转移到需求方。金融工具分为基本金融工具和衍生金融工具两大类。一般认为，金融工具具有流动性、风险性和收益性的特征。

3. 金融市场

金融市场是指资金供应者和资金需求者双方通过信用工具进行交易而融通资金的市场，即实现货币借贷和资金融通、办理各种票据和进行有价证券交易活动的市场。金融市场的种类很多，其主要类型可以用图 1-4 来表示。

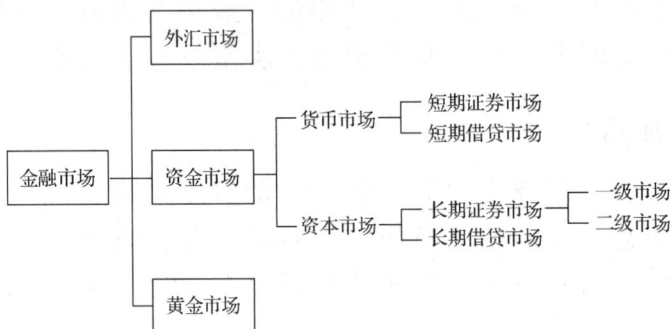

图 1-4　金融市场分类

知识拓展

金融市场是以资金为交易对象的市场，在金融市场上，资金被当成一种特殊商品来交易。

金融市场可以是有形的市场，也可以是无形的市场。前者有固定的场所和工作设备，如银行、证券交易所；后者利用计算机、电传、电话等设施通过经纪人进行资金、商品交易活动，而且可以跨越地区和国界。

（四）法律环境

财务管理的法律环境是指企业和外部发生经济关系时所应遵守的各种法律、法规和规章。按法律法规对财务管理内容的影响情况，可以将其分成几类，如表 1-8 所示。

表 1-8　法律法规的分类

分类	法律法规
影响企业筹资的法律法规	《公司法》《证券法》《民法典》等
影响企业投资的法律法规	《合伙企业法》《公司法》《证券法》
影响企业收益分配的法律法规	《企业所得税法》《公司法》《合伙企业法》

注：本书中提及的法律法规均使用简称。

项目小结

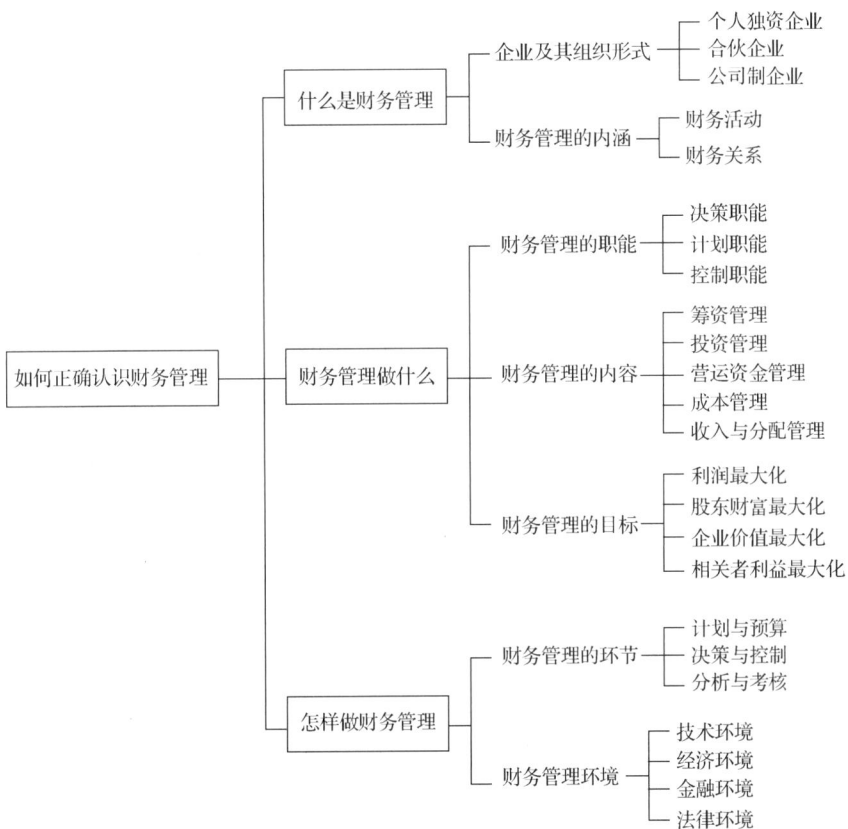

技能训练

一、单项选择题

1. 下列各项中,不属于企业相关者利益最大化财务管理目标特点的是
(   )。
   A. 有利于企业长期稳定发展
   B. 体现了合作共赢的价值理念,有利于实现企业经济效益和社会效益的统一
   C. 体现了现实性和前瞻性的统一
   D. 这一目标没有兼顾各利益主体的利益

2. 某公司主张"合作共赢"的价值理念,想要实现企业经济效益和社

会效益的统一，则该公司应该选择的财务管理目标是（　　　）。

    A．利润最大化

    B．股东财富最大化

    C．企业价值最大化

    D．相关者利益最大化

  3．下列各项中，不属于企业对员工承担的社会责任的是（　　　）。

    A．按时足额发放劳动报酬，并根据社会发展逐步提高工资水平

    B．提供安全健康的工作环境，加强劳动保护，实现安全生产，积极预防职业病

    C．完善工会、职工董事和职工监事制度，培育良好的企业文化

    D．诚实守信，不滥用公司人格

  4．下列关于财务管理环节的表述中，不正确的是（　　　）。

    A．可以通过定性和定量两种预测方法进行财务预测

    B．财务预算是财务管理的核心

    C．财务控制可以分为前馈控制、过程控制、反馈控制几种

    D．财务考核与奖惩紧密联系是构建激励与约束机制的关键环节

  5．在经济衰退期，企业应该采取的措施是（　　　）。

    A．开发新产品

    B．增加劳动力

    C．削减存货

    D．实行长期租赁

  6．在通货膨胀初期，下列应对通货膨胀风险的各项措施中，不正确的是（　　　）。

    A．进行长期投资

    B．签订长期购货合同

    C．取得长期借款

    D．签订长期销货合同

  7．根据企业财务活动的历史资料，考虑现实的要求和条件，对企业未来的财务活动做出较为具体的预计和测算的过程指的是（　　　）。

    A．财务预测　　B．财务计划　　C．财务预算　　D．财务决策

  8．在下列各项中，不属于财务管理经济环境构成要素的是（　　　）。

    A．经济周期　　　　　　　B．经济发展水平

    C．宏观经济政策　　　　　D．公司治理结构

二、多项选择题

1. 下列各项中，不属于相关者利益最大化财务管理目标缺点的有（   ）。

    A. 没有强调股东的首要地位   B. 没有考虑风险和报酬的关系

    C. 没有考虑取得报酬的时间   D. 不利于企业长期稳定发展

2. 在某公司财务目标研讨会上，张经理主张"贯彻合作共赢的价值理念，做大企业的财富蛋糕"；李经理认为"既然企业的绩效按年度考核，财务目标就应当集中体现当年利润指标"；王经理提出"应将企业长期稳定的发展放在首位，以便创造更多的价值"。上述观点涉及的财务管理目标有（   ）。

    A. 利润最大化   B. 企业规模最大化

    C. 企业价值最大化   D. 相关者利益最大化

3. 下列有关财务管理目标的观点中，考虑了所获利润和投入资本数额的关系的有（   ）。

    A. 利润最大化   B. 每股收益最大化

    C. 股东财富最大化   D. 企业价值最大化

4. 下列关于企业财务考核内容的说法中，正确的有（   ）。

    A. 财务考核与奖惩紧密联系

    B. 财务考核是构建激励与约束机制的关键环节

    C. 财务考核可用多种财务指标进行综合评价考核

    D. 财务考核可以用绝对指标，也可以用相对指标

5. 下列关于经济周期中的财务管理战略的表述中，正确的有（   ）。

    A. 在经济复苏期企业应当增加厂房设备

    B. 在经济繁荣期企业应减少劳动力，以实现更多利润

    C. 在经济衰退期企业应减少存货

    D. 在经济萧条期企业应裁减雇员

三、判断题

1. 作为财务管理目标理论，股东财富最大化和企业价值最大化通常都只适用于上市公司。（   ）

2. 在通货膨胀持续期，货币面临着贬值的风险，这时企业进行投资可以避免风险，实现资本保值。（   ）

3. 股东财富最大化强调股东的首要地位，并强调企业与股东之间的协

调关系。　　　　　　　　　　　　　　　　　　　　（　　）

4. 任何情况下，每股收益最大化都不能成为衡量企业业绩的指标。
　　　　　　　　　　　　　　　　　　　　　　　　（　　）

5. 财务决策的方法主要有两类：一类是经验判断法，另一类是定量分析法。　　　　　　　　　　　　　　　　　　　　（　　）

四、计算分析题

小张学习了财务管理的内容后有一个设想，毕业后自主创办一个广告设计公司，通过 5 年努力获得 100 万元利润，然后成家立业。带着这个想法，小张请教了老师，老师说很好，先做个规划看看。于是小张查阅资料，到广告公司实地考察，得到如下信息：广告设计公司需要租用 30 平方米房屋，每年租金预计 5 万元；购买一套设计、打印、喷绘设备，预计投资 5 万元，每年折旧费 1 万元；聘请 2 名工作人员，每年需要支付报酬 8 万元；开业运行后每年需要支付水电、物业等费用 1 万元；承接广告设计需要支付的材料等费用预计占收入的 30%；流转税等税费占收入的 6%，所得税占 25%；工商注册资金需要 5 万元。根据这些信息，小张编制的财务规划如下。

（1）筹资活动：筹集资本金 5 万元和借款 10 万元，共计 15 万元，开办广告设计公司。

（2）投资活动：租赁房屋和购买设备。

（3）资金营运活动：聘请 2 名工作人员每年工资投入 8 万元，每年水电、物业等费用 1 万元，材料费用占收入的 30%，流转税等税费占收入的 6%。

（4）收益分配活动：每年利润上缴 25% 的所得税，剩余全部归自己，5 年得到 100 万元。

小张在 5 年时间里每年要承接多少业务才能实现目标呢？（假设 5 年中工人工资不变，聘请工人人数不变。）

项目二

如何正确进行财务估价

🔒 学习目标

知识目标

1. 了解资金时间价值的概念。

2. 掌握相关终值和现值的计算。

3. 了解风险的概念及分类。

4. 理解风险大小及风险价值衡量的方法。

能力目标

1. 具备运用资金时间价值观念进行理财分析的能力。

2. 具有正确运用各种衡量风险大小、风险价值方法的能力和技巧。

素养目标

1. 树立正确的财富观和理性的消费观，塑造良好人格。

2. 培养忧患意识，做到正视风险、分析风险、防范风险，形成"胜不骄，败不馁，顺不浮，逆不衰"的优秀品德。

📖 案例导航

某公司欲购买办公用房，房地产开发公司提出三种付款方案：一是从现在起，每年年初支付 250 000 元，连续支付 10 次，合计 2 500 000 元；二是从第 5 年开始，每年年初支付 300 000 元，连续支付 10 次，合计 3 000 000 元；三是现在一次性支付 1 700 000 元。假定该公司的最低收益率为 10%。

【思考】

如果你是该公司的财务经理，你如何向公司决策者提出合理的建议？

任务一　资金时间价值计算

✏️ 任务描述

了解资金时间价值的含义，掌握资金时间价值的计算。

📖 相关知识

👤 一、资金时间价值的概念

资金时间价值，也称货币时间价值，是指资金经历一定时间的投资和再投资所增加的价值，它表现为同一数量的货币在不同的时点上具有不同的价值。

> ☕ **情境案例**
>
> 今天的 1 元和将来的 1 元并不等值，前者要比后者的价值大。若银行存款年利率为 10%，将今天的 1 元存入银行，1 年以后就会是 1.10 元。可见，经过 1 年的时间，这 1 元发生了 0.1 元的增值，今天的 1 元和 1 年后的 1.10 元等值。

👤 二、复利终值和现值的计算

资金时间价值的计算涉及两个重要的概念，即现值和终值。终值又称将来值，是指现在一定量现金在未来某一时点上的价值，俗称本利和。

现值又称本金，是指未来某一时点上的一定量现金折算到现在的价值。

复利是指不仅本金要计利息，而且本期利息也要加入本金计算下一期利息，即所谓的"利滚利"。在实际工作中，资金时间价值通常是按复利计算的。

（一）复利终值的计算

复利终值是指一次性的收款或付款经过若干期的使用后，所获得的包括本金和利息在内的未来价值。其计算公式为：

$$F=P\times(1+i)^n$$

式中，F 为本金与利息之和，又称本利和或终值；P 为本金，又称期初金额或现值；i 为利率或贴现率、折现率；n 为计算利息的期数，通常以年为单位。

上式中的$(1+i)^n$是利率为 i、期数为 n 的复利终值系数，记作$(F/P,i,n)$，其数值可以直接查阅"复利终值系数表"（见本书附录 A）获得。

以知促行

假定某公司董事会决定从今年的留存收益中提取 200 000 元存入银行，准备用于 8 年后更新设备。若银行 8 年定期存款的年利率为 10%，该公司 8 年后可用来更新设备的金额为多少？

$F=200\,000\times(F/P,10\%,8)=200\,000\times2.143\,6=428\,720$（元）

从以上计算可知，该公司 8 年后可从银行取得本利和 428 720 元用来更新设备。

（二）复利现值的计算

复利现值是复利终值的逆运算，即由本利和计算本金。其计算公式为：

$$P=F/(1+i)^n=F\times(1+i)^{-n}$$

上式中的$(1+i)^{-n}$是利率为 i、期数为 n 的复利现值系数，记作$(P/F,i,n)$，其数值可以查阅"复利现值系数表"（见本书附录 B）获得。

以知促行

假定某公司希望 6 年后有 12 000 000 元来购买一台数控车床，若目前银行 6 年定期存款的年利率为 8%，则该公司现在需要一次性存入

银行的款项为多少?

$P=12\ 000\ 000\times(P/F,8\%,6)=12\ 000\ 000\times0.630\ 2=7\ 562\ 400$（元）

从以上计算结果可见，该公司现在一次性存入银行 7 562 400 元，6 年后即可得到 12 000 000 元用于购买数控车床的款项。

情境案例

24 美元买下纽约的曼哈顿岛

曼哈顿岛是纽约的核心，在纽约五个区中面积最小，仅 57.91 平方千米，但这个东西窄、南北长的小岛却是美国的金融中心。在美国最大的 500 家公司中，有三分之一以上的公司把总部设在曼哈顿岛；7 家大银行中的 6 家以及各大垄断组织的总部都设在这里。这里还聚集了世界上证券、期货及保险等行业的精英。位于曼哈顿岛南部的华尔街是美国财富和经济实力的象征，也是美国垄断资本的大本营和金融寡头的代名词。这条长度仅 540 米的狭窄街道两旁有 2 900 多家金融和外贸机构。著名的纽约证券交易所和美国证券交易所均设于此。截至 2000 年年初，曼哈顿岛的价值约 2.5 万亿美元。如果有人说用 24 美元买下曼哈顿岛，你的第一反应一定是这个人在痴人说梦!但事实上，1626 年，荷属美洲新尼德兰省总督彼得·米纽伊特花了大约 24 美元从印第安人手中买下了曼哈顿岛。到了 2000 年 1 月 1 日，曼哈顿岛的价值已经达到了约 2.5 万亿美元。以 24 美元买下曼哈顿岛，彼得·米纽伊特无疑占了一个天大的便宜。

三、年金终值和现值的计算

年金是指在一定期间内，每隔相同时期（一年、半年、一季度）收入或者支出的相等金额的款项。年金根据每年收入或支出的具体情况不同，可分为普通年金、预付年金、递延年金、永续年金四种。

（一）普通年金终值和现值的计算

1. 普通年金终值的计算

凡收入或支出相等金额的款项，发生在每期期末的，叫作普通年金，也称后付年金。普通年金终值就是每期期末收入或支出等额款项的复利终值之和。设每年的等额款项为 A，利率为 i，期数为 n，普通年金终值的计算方法如图 2-1 所示。

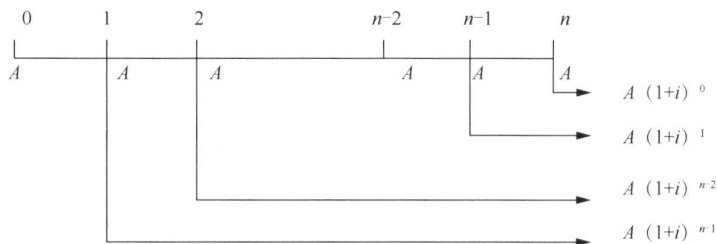

图 2-1 普通年金终值计算

由图 2-1 可知，普通年金终值 F 的计算公式为：

$$F=A\times(1+i)^0+A\times(1+i)^1+A\times(1+i)^2+\cdots+A\times(1+i)^{n-1} \quad （1）$$

将（1）式两边同时乘上（1+i）得：

$$(1+i)F=A\times(1+i)^1+A\times(1+i)^2+A\times(1+i)^3+\cdots+A\times(1+i)^n \quad （2）$$

将（2）式减（1）式得：

$$(1+i)F-F=A\times(1+i)^n-A$$

推出：

$$F=A\times[(1+i)^n-1]/i$$

上式中的 $[(1+i)^n-1]/i$ 是普通年金为 1 元、利率为 i、经过 n 期的年金终值系数，记作（$F/A,i,n$），可查阅"年金终值系数表"（见本书附录 C）获得。

以知促行

某公司董事会决定自今年起建立偿债基金，即在今后 5 年内每年年末存入银行等额款项，用来偿还该公司在第 6 年年初到期的公司债券本金 6 000 000 元，假定银行存款年利率为 9%。该公司每年年末需存入银行的等额款项为多少？

A=6 000 000÷（F/A,9%,5）=6 000 000÷5.984 7=1 002 556.52（元）

从以上计算的结果可知，该公司每年年末需存入银行 1 002 556.52 元，这样才能保证第 6 年年初有 6 000 000 元偿还公司债券本金。我们把普通年金终值系数的倒数称为偿债基金系数。

2. 普通年金现值的计算

普通年金现值是指一定时期内每期期末收付等额款项的复利现值之

和，其计算方法如图 2-2 所示。

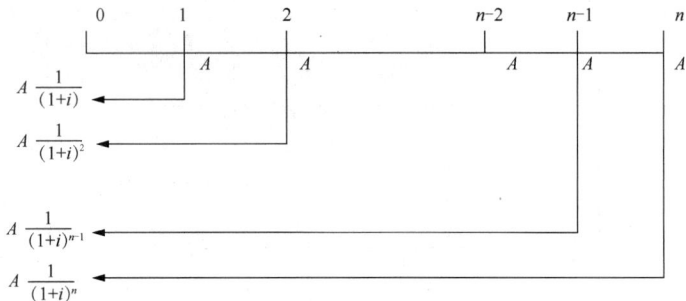

图 2-2　普通年金现值计算

由图 2-2 可知，普通年金现值 P 的计算公式为：

$$P=A\times(1+i)^{-1}+A\times(1+i)^{-2}+A\times(1+i)^{-3}+\cdots+A\times(1+i)^{-n} \quad (3)$$

将（3）式两边同时乘上（1+i）得：

$$(1+i)P=A\times(1+i)^{0}+A\times(1+i)^{-1}+A\times(1+i)^{-2}+\cdots+A\times(1+i)^{-(n-1)} \quad (4)$$

将（4）式减（3）式得：

$$P\times i=A\times[1-(1+i)^{-n}]$$

推出：

$$P=A\times[1-(1+i)^{-n}]/i$$

上式中的 $[1-(1+i)^{-n}]/i$ 是普通年金为 1 元、利率为 i、经过 n 期的年金现值系数，记作（$P/A,i,n$），可查阅"年金现值系数表"（见本书附录 D）获得。

📇 以知促行

某公司为了提高产品质量，决定向另一家公司购买专用技术，双方在合同上约定该公司分 6 年支付技术转让费，每年年末支付 60 000 元，假定银行存款年利率为 9%。该公司现在购买该项专用技术转让费的价格为多少？

$P=60\ 000\times(P/A,9\%,6)=60\ 000\times4.485\ 9=269\ 154$（元）

从以上计算的结果可见，该公司分 6 年支付的技术转让费的现值为 269 154 元。

（二）预付年金终值和现值的计算

凡收入或支出相等金额的款项，发生在每期期初的，叫作预付年金或先付年金。计算其终值或现值时，预付年金终值或现值比期数相同的普通年金终值或现值要多计一期利息。因此，只要在普通年金终值的公式上乘（1+i），便是预付年金终值的公式；同样，在普通年金现值的公式上乘（1+i），便是预付年金现值的公式。

1. 预付年金终值的计算

预付年金终值的计算公式为：

$$F=\{A\times[(1+i)^{n}-1]/i\}\times(1+i)$$
$$=A\times(F/A,i,n)\times(F/P,i,1)$$
$$=A\times[(F/A,i,n+1)-1]$$

以知促行

假定某公司有一基建项目，分 5 次投资，每年年初投入 2 000 000元，预计第 5 年年末建成。若该公司贷款投资，贷款的年利率为 12%，该项目 5 年后的投资总额为多少？

$F=2\ 000\ 000\times[(F/A,12\%,5+1)-1]=2\ 000\ 000\times(8.115\ 2-1)=14\ 230\ 400$（元）

从以上计算的结果可知，5 年后该项目的投资总额为 14 230 400 元。

---

2. 预付年金现值的计算

预付年金现值的计算公式为：

$$P=\{A\times[1-(1+i)^{-n}]/i\}\times(1+i)$$
$$=A\times(P/A,i,n)\times(F/P,i,1)$$
$$=A\times[(P/A,i,n-1)+1]$$

以知促行

5 年分期付款购物，每年年初付 2 000 元。如果年利率为 10%，该分期付款相当于现在一次性付款多少？

$P=2\ 000\times(P/A,10\%,5-1)+1]=2\ 000\times(3.169\ 9+1)=8\ 339.8$（元）

从以上计算的结果可知，该分期付款相当于现在一次性付款 8 339.8 元。

（三）递延年金终值与现值的计算

凡第一次收入或支出相等金额的款项发生在第二期期末或第二期以后

某期期末的，叫作递延年金。递延年金的支付形式见图 2-3。从图 2-3 可以看出，前 m 期没有收付款发生，m 为递延期数，而后面 n 期为每期期末发生收入或支出等额款项的年金期数。

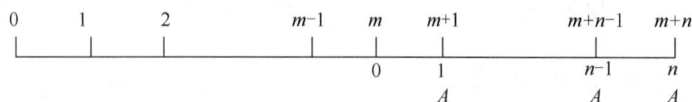

图 2-3　递延年金的支付形式

据图 2-3 可知，递延年金的终值大小与递延期无关，故计算方法和普通年金终值相同，即

$$F=A\times(F/A,i,n)$$

递延年金的现值计算可以采用以下三种方法。

方法一：

$$P=A\times(P/A,i,n)\times(P/F,i,m)$$

方法二：

$$P=A\times[(P/A,i,n+m)-(P/A,i,m)]$$

方法三：

$$P=A\times(F/A,i,n)\times(P/F,i,m+n)$$

以知促行

假定某公司于今年年初发行一种 8 年期的公司债券，当时的票面年利率为 10%，发行条例规定：前 2 年不偿还本息，但从第 3 年至第 8 年每年每张公司债券还本付息 300 元。问：到第 8 年年末，每张公司债券共还本付息多少金额？市场上的潜在投资者购买该公司债券每张最多愿出价多少？

每张公司债券还本付息的金额为：

$F=300\times(F/A,10\%,6)$

$=300\times7.715\,6=2\,314.68$（元）

即每张公司债券在递延 2 年后，6 年内共还本付息 2 314.68 元。市场上潜在投资者认可公司债券的购买价格计算如下。

方法一：

$P=300\times(P/A,10\%,6)\times(P/F,10\%,2)=300\times4.355\,3\times0.826\,4$

$=1\,079.77$（元）

方法二：

$P=300×[（P/A,10\%,8）-（P/A,10\%,2）]=300×（5.334\ 9-1.735\ 5）$
　$=1\ 079.82（元）$

方法三：

$P=300×（F/A,10\%,6）×（P/F,10\%,8）=300×7.715\ 6×0.466\ 5$
　$=1\ 079.80（元）$

以上三种计算结果的差额是资金时间价值系数表中系数四舍五入造成的，并不影响三种计算方法的正确性。

（四）永续年金现值的计算

凡无限持续收入或支出相等金额的款项，叫作永续年金，又称终生年金。如商业银行中设置的存本取息类存款就是永续年金。

永续年金没有终止的时间，所以也就没有终值。永续年金的现值计算公式可以通过普通年金现值的计算公式推导得出：

$$P=A×[1-（1+i）^{-n}]/i$$

当 $n→+∞$ 时，$（1+i）^{-n}$ 的极限为零，故上式可写成：

$$P=A/i$$

以知促行

某学校拟建立一项永久性奖学基金，每年计划颁发 80 000 元奖金。若年利率为 8%，则该学校现在应存入银行的金额为多少？

$P=80\ 000÷8\%=1\ 000\ 000（元）$

知识拓展

如何用 Excel 计算年金

通常，绝大多数的教科书中，关于年金终值与现值的计算或者已知年金终值与现值反求年金的计算，都是通过书后的附录（年金现值与终值系数表）求得的，这样不仅便于计算，而且大大节省了计算的时间和工作量。但问题是，几乎所有的教科书中的年金现值与终值系数表的利率都是给定的整数，即都是按 1% 的整数倍增长，然而各种贷款利率（复利）几乎都是非整数。比如 2015—2019 年的房贷利率为：1～5 年期商业贷款利率为 4.75%，公积金贷款利率为 2.75%；5～

30 年期商业贷款利率为 4.90%，公积金贷款利率为 3.25%。对于非整数的利率，我们该如何在已知年金终值与现值的基础上，简便地计算年金呢？

　　打开 Excel 2010，选中单元格，单击"公式"标签，选择"财务"，之后选择"PMT"函数，最后根据要求输入相应的参数即可。比如按 4.90% 的贷款利率，若贷款期限为 10 年，贷款 10 000 元（现值），那么在等额本息还款方式下，每个月的还款数额是多少？我们可以在 PMT 函数下的对话框内第一个参数利率（Rate）中输入"4.90%/12"，即年利率 4.90%，月利率 4.90%/12；第二个参数贷款时间（Nper）中输入"120"，即贷款 10 年，每年 12 个月，共计 120 个月；第三个参数贷款额（现值）（Pv）中输入"-10000"，即贷款 10 000 元；第四个参数终值（Fv）中忽略；第五个参数预付还是后付（Type）中输入"0"或忽略，即按揭贷款一般都在月末归还本息。这样就可得到每个月的还款数额是 105.58 元。

任务二　风险价值衡量

任务描述

了解风险的概念及分类，理解风险大小及风险价值衡量的方法。

相关知识

一、风险的概念及分类

（一）风险的概念

所谓风险，是指在一定条件下和一定时期内，某项行动可能发生的各种结果的变动程度。比如，向上抛一枚硬币，我们可以事先肯定，当硬币落在地面上时，有正面朝上和朝下两种结果，而且每种结果出现的可能性各占一半，但究竟正面是朝上还是朝下，谁都无法肯定。

从财务管理的角度看，风险就是企业在各项财务活动过程中，由于各种难以预料或无法控制的因素的作用，企业的实际收益与预计收益发生背离，从而蒙受经济损失的可能性。

（二）风险的分类

1. 按投资主体的不同划分

按投资主体的不同划分，风险可分为市场风险和特有风险两类。市场风险又称系统风险或不可分散风险，是指那些影响所有企业的因素引起的风险。如通货膨胀、经济衰退、高利率等，这类风险涉及所有的投资对象，不能通过组合投资来分散，所以属于系统风险。特有风险又称非系统风险或可分散风险，是指发生于个别企业的特有事件造成的风险，如新产品开发失败、法律诉讼和营销计划的失败等。这类事件是随机发生的，可以通过组合投资来分散风险，即发生于一家企业的不利事件可以被其他企业的有利事件抵消。

2. 按形成原因的不同划分

按形成原因的不同划分，风险可分为经营风险和财务风险两类。经营风险又称商业风险，是指因生产经营方面的原因给企业营利带来的不确定性。比如，由于市场销售、生产成本、生产技术、经济状况等变化，企业的收益变得不确定，从而给企业带来风险。财务风险又称筹资风险，是指由于举债而给企业财务成果带来的不确定性。举债不仅可以解决企业资金短缺的困难，还可提高企业自有资金的盈利能力。但借入资金需还本付息，它加大了企业的风险，若企业经营不善，会使企业财务陷入困境甚至导致破产。

二、风险价值的衡量

投资风险价值是指投资者由于冒着风险进行投资而获得的超过资金时间价值的额外收益，又称投资风险收益或投资风险报酬。在实际工作中，通常以风险收益率（风险收益额与投资额的比率）进行计量。

（一）概率分布

在相同的条件下，可能发生也可能不发生的某一事件，称为随机事件。概率是表示随机事件发生可能性大小的数值，通常把肯定会发生的事件的概率定为 1，把肯定不会发生的事件的概率定为 0，而一般随机事件的发生概率是介于 0 与 1 之间的一个数。概率越接近 1，表示该事件发生的可能性越大。如果用 x 表示随机事件，x_i 表示随机事件的第 i 种结果，P_i 为出现该种结果的相应概率，那么，概率必须符合下列两个要求：

$$0 \leqslant P_i \leqslant 1$$

$$\sum_{i=1}^{n} P_i = 1$$

（二）期望值

期望值是指一个概率分布中的所有可能结果，以相应的概率为权数计算的加权平均值，是加权平均的中心值，代表着投资者合理的预期收益，通常用符号 $\overline{E}$ 表示，其计算公式为：

$$\overline{E} = \sum_{i=1}^{n} x_i P_i$$

以知促行

某公司计划以 2 000 万元进行投资创办饮料厂，根据市场调查，预计的在三种不同的市场情况下可能获得的年净收益及其概率的资料如表 2-1 所示。该公司按计划投产后的期望值为多少？

表 2-1　预期收益及概率情况

市场情况	预计年净收益(x_i)/万元	概率（P_i）
繁荣	800	0.2
一般	500	0.5
疲软	300	0.3

$\overline{E} = 800 \times 0.2 + 500 \times 0.5 + 300 \times 0.3 = 500$（万元）

（三）标准差

标准差也称标准离差，反映概率分布中各种可能结果对期望值的偏离程度，通常用符号 σ 表示，其计算公式为：

$$\sigma = \sqrt{\sum_{i=1}^{n} (x_i - \overline{E})^2 \times P_i}$$

标准差作为绝对数衡量投资项目的风险。在期望值相同的情况下，标准差越大，风险越大；反之，标准差越小，则风险越小。

以表 2-1 中的数据为例计算标准差：

$$\sqrt{(800-500)^2 \times 0.2 + (500-500)^2 \times 0.5 + (300-500)^2 \times 0.3} = 173.2（万元）$$

（四）标准差系数

标准差作为绝对数，只适用于期望值相同的决策方案风险程度的评价和比较；对于期望值不同的决策方案，只能借助标准差系数这一相对值评价和比较各自的风险程度。

标准差系数是标准差与期望值的比值，也称标准离差率或离散系数，通常用 q 表示，其计算公式为：

$$q = \sigma / \overline{E}$$

在期望值不同的情况下，标准差系数越大，风险越大；反之，标准差系数越小，则风险越小。

以表 2-1 中的有关数据为例计算标准差系数：

q=173.2÷500=0.346 4

即该投资项目的风险程度为 0.346 4。

方案选择取决于决策者对风险的态度：对风险比较反感的人，可能会选择期望收益较低同时风险也较低的方案；喜欢冒风险的人，则可能选择风险虽高但同时收益也高的方案。

（五）风险报酬率

标准差系数虽然可以评价投资项目的风险程度，但并不能直接表示其风险报酬率。因此，需要借助风险报酬系数，将这种风险程度转换为风险报酬率。风险报酬率、风险报酬系数和标准差系数之间的关系表示如下：

风险报酬率=风险报酬系数×标准差系数

设风险报酬率为 R_r，风险报酬系数为 b，标准差系数为 q，则：

$$R_r = b \cdot q$$

由此推导出：

$$b = R_r / q$$

将风险报酬率分解为风险报酬系数和标准差系数的重要意义在于，使人们注意到获得风险报酬率的不同途径，稳健的投资者只选择风险报酬系数较高的项目，而冒险的投资者敢于选择标准差系数较高的项目。

如果将投资报酬率设定为 R，无风险报酬率设定为 R_f，则：

$$R = R_f + R_r = R_f + b \cdot q$$

通常认为，实际生活中的无风险报酬率是加上通货膨胀补偿率后的资金时间价值率，可以将投资于国债的报酬率视为无风险报酬率。风险报酬系数可以根据同类项目的历史数据加以确定，也可以由企业组织有关专家确定。

项目小结

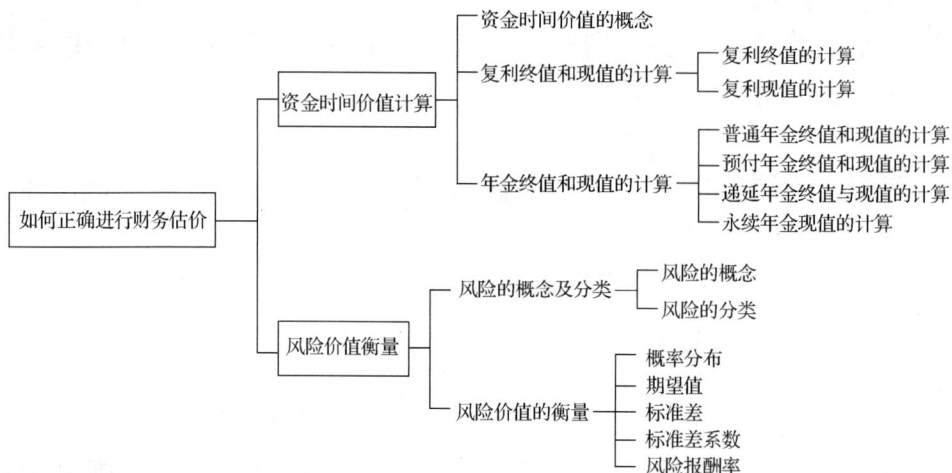

技能训练

一、单项选择题

1. 某公司准备购买一家上市公司股票，经财务部门分析得出结论，未来该公司股票收益率达到4%的可能性为10%，达到8%的可能性为45%，达到10%的可能性为40%，达到15%的可能性为5%，则该公司股票预期收益率为（　　）。

    A．8.75%　　　B．9.25%　　　　C．8.25%　　　D．6.48%

2. 已知甲、乙两个方案投资收益率的期望值分别为10%和12%，两个方案都存在投资风险，在比较甲、乙两方案风险大小时应使用的指标是（　　）。

    A．标准差率　B．标准差　　　C．协方差　　　D．方差

3. 投资者因冒风险而进行投资，所获得超过资金时间价值的那部分额外报酬称为（　　）。

    A．无风险报酬　　　　　　　　B．风险报酬

    C．平均报酬　　　　　　　　　D．投资报酬

4. 一定时期内每期期初等额收付的系列款项称为（　　）。

    A. 永续年金　B. 预付年金　　C. 普通年金　　D. 递延年金

5. 甲、乙两投资方案的期望值不同，甲投资方案的标准离差率为10%，乙投资方案的标准离差率为8%，则下列判断正确的是（　　）。

    A. 甲方案比乙方案风险大　　　B. 甲方案比乙方案风险小

    C. 甲、乙两方案风险相同　　　D. 无法判断

6. 在计算预付年金时，应采用（　　）。

    A. $F=A（F/A,i,n）$　　　　　　B. $F=A[（F/A,i,n+1）-1]$

    C. $F=A[（F/A,i,n-1）+1]$　　D. $F=A（F/A,i,n+1）（1+i）$

7. 某企业近期付款购买了一台设备，总价款为100万元，从第3年年初开始付款，分5年平均支付，年利率为10%，则该设备的现值为（　　）。

    A. $20×(P/A,10\%,5)$

    B. $20×(P/A,10\%,5)×(P/F,10\%,3)$

    C. $20×(P/A,10\%,5)×(P/F,10\%,2)$

    D. $20×(P/A,10\%,5)×(P/F,10\%,1)$

8. 比较期望报酬率不同的两个方案的风险程度应采用（　　）来衡量。

    A. 标准离差　B. 标准离差率　C. 概率　　　　D. 风险报酬率

9. 将100元存入银行，年利率为10%，计算5年后的终值时应用（　　）。

    A. 复利终值系数　　　　　　B. 复利现值系数

    C. 年金终值系数　　　　　　D. 年金现值系数

10. 分期付款购物，每年年初付款500元，一共付5年，如果年利率为10%，相当于现在一次性付款（　　）。

    A. 1 895.5元　B. 2 085元　　C. 1 677.5元　D. 1 585元

二、多项选择题

1. 下列各项中，属于年金形式的有（　　）。

    A. 定期定额支付的养老金　　B. 偿债基金

    C. 零存整取　　　　　　　　D. 整存零取

2. 下列关于资金时间价值的说法中，正确的有（　　）。

    A. 处于不同时期的相同数量金额的两笔资金的实际价值是相等的

    B. 资金的时间价值原理正确地揭示了在不同时点上资金之间的正确换算关系

    C. 先付年金是年金的最基本形式

　　D．预付年金与普通年金的区别仅在于收付款时间的不同

3．下列关于资产风险衡量的表述中，不正确的有（　　　）。

　　A．一般来说，方差越大，风险越小

　　B．期望值不相同的两个项目，标准差率越大，风险越大

　　C．期望值相同的两个项目，标准差越大，风险越大

　　D．期望值不相同的两个项目，标准差越大，标准差率就越大

4．下列关于系统性风险的说法中，错误的有（　　　）。

　　A．系统性风险也称为可分散风险

　　B．系统性风险影响到资本市场上的部分证券

　　C．系统性风险可以通过投资多元化的组合而加以避免

　　D．系统性风险是指由于外部经济环境因素变化引起整个资本市场不确定性加强，从而对所有证券都产生影响的共同性风险

5．风险按形成的原因可以分为（　　　）。

　　A．财务风险　　B．市场风险　　　C．经营风险　　　D．特有风险

6．按投资主体不同，风险可以分为（　　　）。

　　A．市场风险　　B．特有风险　　　C．财务风险　　　D．经营风险

7．可以用来衡量风险大小的指标有（　　　）。

　　A．无风险报酬率　　　　　　　　B．期望值

　　C．标准离差　　　　　　　　　　D．标准离差率

8．年金具有（　　　）等特点。

　　A．等额性　　　　　　　　　　　B．时间间隔相等

　　C．连续发生　　　　　　　　　　D．A、B、C必须同时具备

三、判断题

1．n 期预付年金现值系数除以（$1+i$）等于 n 期普通年金现值系数。
　　　　　　　　　　　　　　　　　　　　　　　　　　　　（　　　）

2．永续年金由于是一种没有到期日的年金，因此只能计算现值不能计算终值。　　　　　　　　　　　　　　　　　　　　　　　　　（　　　）

3．递延年金终值和现值的计算都需要考虑递延期。　　　（　　　）

4．年偿债基金实际上是已知普通年金现值 P，求年金 A。　（　　　）

5．风险收益率的大小取决于风险的大小和投资者对风险的偏好两个因素。　　　　　　　　　　　　　　　　　　　　　　　　　　　（　　　）

6．一般情况下，选用长期国债利率近似地代替无风险收益率。（　　　）

7. 标准差和标准差率可用于收益率期望值不同的决策方案风险比较，而方差只能用于收益率期望值相同的决策方案风险比较。   （ ）

8. 标准差以绝对数衡量决策方案的风险，在期望值相同的情况下，标准差越大，风险越大。   （ ）

四、计算分析题

1. 假设小张所在公司每年 12 月 31 日发年终奖，现在为 2021 年 1 月 1 日。已知：（$F/A,4\%,5$）=5.416 3；（$F/A,4\%,10$）=12.006 1；（$F/P,10\%,7$）=1.948 7；（$F/P,10\%,8$）=2.143 6。

要求：完成下列计算。

（1）小张从现在起，每年年末将年终奖中的 10 000 元现金存入银行，若年利率为 4%，每年复利一次，5 年后小张的银行账户余额是多少？

（2）若年利率为 4%，每年复利一次，小张希望 2031 年 1 月 1 日能够取出 100 000 元，则现在开始其每年年末应存入银行多少钱？

（3）若小张现在将年终奖 20 000 元全部投入股票市场，假设年均收益率为 10%，则多少年后股票账户中的金额会翻一番？（计算结果保留两位小数）

2. 某企业拟投资甲项目，计划投资额为 1 000 万元，其收益率的概率分布如表 2-2 所示。

表 2-2 甲项目收益率的概率分布

市场状况	概率	甲项目收益率
好	0.2	20%
一般	0.6	10%
差	0.2	5%

要求：

（1）计算甲项目收益率的期望值；

（2）计算甲项目收益率的标准差；

（3）计算甲项目收益率的标准差率。

项目三

如何进行筹资管理

学习目标

知识目标

1. 理解筹资的含义、动机及原则。

2. 掌握资金需要量预测的基本方法。

3. 熟悉筹资的渠道、方式和特点。

4. 掌握资本成本的计算方法和资本结构的决策方法。

5. 熟悉财务杠杆的原理和作用。

能力目标

1. 能根据相关资料预测企业资金需要量。

2. 能根据企业资金需求状况正确选择筹资渠道与筹资方式。

3. 能做出最佳资本结构决策。

4. 能合理运用财务杠杆控制财务风险。

素养目标

1. 明确诚信是企业的立身之本、传承之基。

2. 基于融资相关政策法规，合理利用财务杠杆"双刃剑"效应。

3. 筹资中既树立成本效益观念，又兼顾社会效益。

案例导航

理想电器公司是以生产理想牌空调为主导产品的家电制造企业。近年来，由于市场竞争激烈，该公司大量货款不能及时收回，导致资金紧缺，原料物资不能及时采购，从而影响了正常生产。公司经研究做出决定，拟采取内部筹资和外部筹资相结合的方式，解决公司资金短缺的问题。财务部门经过测算，根据目前的经营实际，得出公司需筹集 1 000 万元资金的结论。

可行的筹资方案有：

1. 银行贷款

银行贷款年利率为 4.5%，筹资费率估计为 1%、企业所得税税率为 25%。

2. 股票集资

通过发行股票筹集资金，拟发行普通股 400 万股，每股面值 1 元，发行价格 2.5 元，筹资费率约 3%。普通股的股利是不固定的，根据目前资本市场的状况，约定现金股利率超过 10%、假定发行当年股利率为 10%。

【思考】

理想电器公司应该采取何种筹资方式呢？

任务一　资金需要量预测

任务描述

了解筹资的动机，熟悉筹资的渠道和方式，掌握资金需要量预测。

相关知识

一、筹资的含义与动机

企业筹资是指企业为了满足经营活动、投资活动、资本结构管理和其他需要，运用一定的筹资方式，通过一定的筹资渠道，筹措和获取所需资金的一种财务活动。

企业筹资的动机是多样的，归纳起来有创立性筹资动机、支付性筹资动机、扩张性筹资动机、调整性筹资动机和混合性筹资动机等，具体如

表 3-1 所示。

表 3-1　企业筹资的动机

动机	说明	举例
创立性	企业在设立时对资本金进行筹措	盖厂房、买设备、加装生产线、安排铺底流动资金
支付性	满足经营业务活动的正常波动所形成的支付需要	原材料的购买、工资的发放、股利的支付、所得税的上缴
扩张性	满足扩大经营规模或对外投资需要	企业扩大再生产、经营规模扩张、开展对外投资
调整性	调整资本结构	调整长短期借款比例、资产负债率等
混合性	多种筹资目的共存	为了引进生产线扩大生产规模而筹集债务资金

课堂小测试

当一些债务即将到期时，企业虽然有足够的偿债能力，但为了保持现有的资本结构，仍然举新债还旧债。这种筹资的动机是（　　　　）。

　　A. 扩张性筹资动机　　　　　　B. 支付性筹资动机
　　C. 调整性筹资动机　　　　　　D. 创立性筹资动机

二、筹资渠道与筹资方式

（一）筹资渠道

筹资渠道是指筹措资金来源的方向与通道，体现资金的来源与流量。目前我国企业筹资渠道主要包括银行信贷资金、非银行金融机构资金、其他企业资金、居民个人资金、国家财政资金、外商资金和企业自留资金。

（二）筹资方式

筹资方式是指企业筹集资金所采用的具体形式。目前我国企业的筹资方式主要有吸收直接投资、发行股票、利用留存收益、向银行借款、利用商业信用、发行公司债券和融资租赁等。

（三）筹资渠道与筹资方式的对应关系

筹资渠道解决的是资金来源问题，筹资方式则解决通过何种方式取得资金的问题，它们之间存在一定的对应关系。一定的筹资方式可能只适用于某一特定的筹资渠道（如向银行借款），但是同一渠道的资金往往可采用不同的方式取得，同一筹资方式又往往适用于不同的筹资渠道。筹资渠道与筹资方式之间的对应关系，如表 3-2 所示。

表 3-2　筹资渠道与筹资方式的对应关系

筹资渠道	筹资方式					
	吸收直接投资	发行股票	向银行借款	发行公司债券	利用商业信用	融资租赁
国家财政资金	√	√				
银行信贷资金			√			
非银行金融机构资金	√	√	√	√		√
其他企业资金	√	√		√	√	√
居民个人资金	√	√		√		
企业自留资金	√	√				
外商资金	√	√				√

> **想一想**
>
> 1. 何为筹资渠道和筹资方式？
> 2. 企业有哪些筹资渠道和筹资方式？

三、筹资原则

企业筹资管理的基本要求，是要在严格遵守国家法律法规的基础上，分析影响筹资的各种因素，权衡资金的性质、数量、成本和风险，合理选择筹资方式，提高筹资效果。企业筹资需要遵循一定的原则，具体如表 3-3 所示。

表 3-3　筹资原则

原则	内涵
筹措合法	要遵循国家法律法规，合法筹措资金
规模适当	要根据生产经营及其发展的需要，合理安排资金需求
取得及时	要合理安排筹资时间，适时取得资金
来源经济	要充分利用各种筹资渠道，选择资金成本相对较低的资金来源
结构合理	筹资管理要综合考虑各种筹资方式，优化资本结构

情境案例

2015 年 11 月 5 日，中亿国星财富资产管理有限公司（以下简称"中亿国星公司"）在启东设立中亿国星启东分公司，负责人为被告人施安某。中亿国星公司无金融业务经营许可证等资质。2015 年 9 月至 2018 年 7 月期间，中亿国星启东分公司在未取得金融业务经营许可证的情况下，以高额回报为诱饵，通过门店讲课、组织聚会、口口相传等手段，以与集资参与人签订《咨询管理服务及委托协议》的形式，向社会不特定公众非法吸收资金。经审计，自 2015 年 9 月至 2018 年 7 月，中亿国星启东分公司吸收公众资金共计人民币 10.43 亿余元，造成损失计 1.1 亿余元。

四、资金需要量的测定方法

企业在筹资之前，应当采用一定的方法预测资金的需要量。只有这样，才能使筹集来的资金既能满足生产经营的需要，又不会产生太多的闲置。测定资金需要量的方法包括定性预测法和定量预测法两类，前者也称为定性分析法，后者包括比率预测法与资金习性预测法。

（一）定性预测法

定性预测法是指利用直观的资料，依靠个人的经验、主观分析及判断能力，预测未来资金需要量的方法。这种方法通常在企业缺乏完备、准确的历史资料的情况下采用。

（二）比率预测法

最常见的比率预测法是销售百分比法。这里主要介绍销售百分比法。

1. 销售百分比法概念

销售百分比法是假设收入、费用、资产、负债与销售收入存在稳定的百分比关系，根据预计销售额和相应的百分比，预计资产、负债和所有者权益，然后利用会计等式确定融资需求的方法。

2. 基本步骤

第一步，确定随销售额变动而发生变动的资产项目和负债项目，计算其销售百分比。在资产负债表中，有一些项目会随销售额增加而相应增加，通常将这些项目称为敏感项目或变动项目，包括货币资金、应收账款、存货、应付账款、应付票据、其他应付款等。而其他如无形资产、短期借款、长期负债、实收资本等项目，一般不会随销售额的增加而增加，因此将其称为非敏感项目或固定项目。

第二步，确定需要增加的资金数额。

第三步，根据有关财务指标的约束确定对外筹资数额。

案例与思考

大地公司 2022 年 12 月 31 日的资产负债表（简表）如表 3-4 所示。

表 3-4　资产负债表（简表）

编制单位：大地公司　　　　　　2022 年 12 月 31 日　　　　　　单位：元

资产	期末余额	负债和所有者权益（或股东权益）	期末余额
货币资金	40 000	应付票据	30 000
应收账款	90 000	应付账款	70 000
存货	100 000	长期负债	120 000
固定资产	200 000	实收资本	250 000
无形资产	80 000	留存收益	40 000
资产总计	510 000	负债和所有者权益（或股东权益）总计	510 000

假定该公司 2022 年度的实际销售收入为 1 000 000 元，销售净利率为 20%，股利支付率为 60%，公司现有生产能力已经饱和，增加销售需追加固定资产投资。经预测，2023 年该公司销售收入将提高到 1 500 000 元，公司销售净利率和利润分配政策不变。

请思考： 预测 2023 年需要追加的资金数量。

销售百分比法预测资金需要量主要依据资产负债表中的敏感项目,请问资产负债表中哪些项目属于敏感项目?

现将销售百分比法的预测过程说明如下。

(1)确定随销售额变动而变动的资产项目和负债项目,计算其销售百分比。

根据表3-4,该公司资产负债表中,资产项目除无形资产外都将随销售收入的增加而增加,因为较多的销售量需要占用较多的存货,发生较多的应收账款,增加固定资产投资,导致现金需求增加。在负债与所有者权益(或股东权益)项目中,应付账款和应付票据也会随销售收入的增加而增加,但长期负债、实收资本等不会自动增加。公司的利润额如果不全部分配出去,留存收益也会有适当的增加。销售额比率表如表3-5所示。

表 3-5 销售额比率表

资产	占销售收入百分比/%	负债和所有者权益（或股东权益）	占销售收入百分比/%
货币资金	4	应付票据	3
应收账款	9	应付账款	7
存货	10	长期负债	不变动
固定资产	20	实收资本	不变动
无形资产	不变动	留存收益	不变动
合计	43	合计	10

(2)确定需要增加的资金数额。

从表3-5中可以看出,销售收入每增加100元,必须增加43元的资金占用,但同时增加10元的资金来源。从43%的资金需求中减去10%自动产生的资金来源,还剩下33%的资金需求。因此,每增加100元的销售收入,该公司必须取得33元的资金来源。在本例中,销售收入从1 000 000元增加到1 500 000元,增加了500 000元,按照33%的比率可预测将增加165 000元的资金需求,即

(43%-10%)×(1 500 000-1 000 000)=165 000(元)

（3）根据有关财务指标的约束条件，确定公司需向外界筹集资金的数额。

上述 165 000 元的资金需求有些可通过公司内部来筹集。依题意，该公司 2023 年预计净利润为 300 000（1 500 000×20%）元，公司股利支付率为 60%，则将有 40% 的利润即 120 000 元被留存下来，从 165 000 元中减去 120 000 元的留存收益，则还有 45 000 元的资金必须通过外界来融通，即

首先，确定公司内部筹集资金数额，即公司预计的留存收益数额。

1 500 000×20%×（1-60%）=120 000（元）

其次，确定需要向外部筹集资金的数额。

165 000-120 000=45 000（元）

上述预测过程可用下列公式表示：

$$对外筹资需要量 = \frac{A}{S_1} \cdot \Delta S - \frac{B}{S_1} \cdot \Delta S - S_2 \cdot P \cdot E$$

式中，A 为随销售额变化的资产（变动资产）；B 为随销售额变化的负债（变动负债）；S_1 为基期销售额；S_2 为预测期销售额；ΔS 为销售的变动额；P 为销售净利率；E 为收益留存比率；$\frac{A}{S_1}$ 为变动资产占基期销售额的百分比；$\frac{B}{S_1}$ 为单位销售额所产生的自然负债数量，即变动负债占基期销售额的百分比。

根据上述资料可求得 2023 年该公司向外界筹集资金的数额为：

43%×500 000-10%×500 000-1 500 000×20%×（1-60%）=45 000（元）

（三）资金习性预测法

资金习性预测法是指根据资金习性预测未来资金需要量的一种方法。所谓资金习性，是指资金变动同产销量变动之间的依存关系。按照资金同产销量之间的依存关系，可以把资金分为不变资金、变动资金和半变动资金。

不变资金是指在一定的产销量范围内，不受产销量变动的影响而保持固定不变的资金。也就是说，产销量在一定范围内变动时，这部分资金保持不变。这部分资金包括为维持营业而占用的最低数额的现金，原材料的保险储备，必要的成品储备，厂房、机器设备等固定资产占用的资金。

变动资金是指随产销量的变动而同比例变动的资金。这部分资金一般

包括直接构成产品实体的原材料、外购件等占用的资金。另外，在最低储备以外的现金、存货、应收账款等也具有变动资金的性质。

半变动资金是指虽然受产销量变化影响，但不随产销量的变动而同比例变动的资金，如一些辅助材料占用的资金。采用一定的方法可将半变动资金划分为不变资金和变动资金两部分。

本书主要介绍利用资金占用总额与产销量的关系预测不变资金和变动资金的方法。

这种方法是根据历史上企业资金占用总额与产销量之间的关系，把资金分为不变资金和变动资金两部分，然后结合预计的销售量来预测资金需要量。

设产销量为自变量 X，资金占用为因变量 Y，它们之间的关系可用下式表示：

$$Y = a + bX$$

式中，a 表示不变资金；b 表示单位产销量所需变动资金。

可见，只要求出 a 和 b，并知道预测期的产销量，就可以用上述公式测算资金需求情况。a 和 b 可用回归直线方程组求出。a 和 b 的计算公式为：

$$a = \frac{\sum x^2 \cdot \sum y - \sum x \cdot \sum xy}{n \sum x^2 - \left(\sum x\right)^2}$$

$$b = \frac{n \sum xy - \sum x \cdot \sum y}{n \sum x^2 - \left(\sum x\right)^2}$$

以知促行

大地公司 2017—2022 年历年产销量和资金变化情况如表3-6所示，根据表3-6整理出表3-7，2023 年预计销售量为 1 500 万件，需要预测 2023 年的资金需要量。

表 3-6　历年产销量与资金变化情况

年份	产销量 X/万件	资金占用 Y/万元
2017	1 200	1 000
2018	1 100	950
2019	1 000	900
2020	1 200	1 000
2021	1 300	1 050
2022	1 400	1 100

表 3-7　资金需要量预测表（按总额预测）

年份	产销量 X /万件	资金占用 Y /万元	XY	x^2
2017	1 200	1 000	1 200 000	1 440 000
2018	1 100	950	1 045 000	1 210 000
2019	1 000	900	900 000	1 000 000
2020	1 200	1 000	1 200 000	1 440 000
2021	1 300	1 050	1 365 000	1 690 000
2022	1 400	1 100	1 540 000	1 960 000
合计 $n=6$	$\sum X=7\ 200$	$\sum Y=6\ 000$	$\sum XY=7\ 250\ 000$	$\sum x^2=8\ 740\ 000$

$$a = \frac{\sum x^2 \cdot \sum y - \sum x \cdot \sum xy}{n\sum x^2 - \left(\sum x\right)^2} = 400$$

$$b = \frac{n\sum xy - \sum x \cdot \sum y}{n\sum x^2 - \left(\sum x\right)^2} = 0.5$$

解得：$Y=400+0.5X$

将 2023 年预计销售量 1 500 万件代入上式，得出 2023 年资金需要量为：

400+0.5×1 500=1 150（万元）

任务二　权益资金筹集

任务描述

分析评价权益资金筹集方式及其优缺点。

相关知识

权益资金又称自有资金，是企业一项基本的资金。企业权益资金的筹集方式主要有吸收直接投资、发行股票和利用留存收益等。

> **情境案例**
>
> 　　大地公司在确定了 2023 年的融资需求后，接下来准备确定合适的筹资方式。财务总监了解了目前的各种筹资方式，并对每种筹资方式的优缺点进行了比较，以选择最适合本公司实际情况的筹资方式。
>
> 　　假设你是大地公司财务总监，请为公司选择筹资方式。

一、吸收直接投资

　　吸收直接投资，是指企业按照"共同投资、共同经营、共担风险、共享利润"的原则，直接吸收国家、法人、外商和社会公众投资的一种筹资方式。

　　投资者可以以货币资产、实物资产、土地使用权、工业产权等方式出资。吸收直接投资具有以下优缺点。

（一）主要优点

　　（1）能够尽快形成生产能力。吸收直接投资不仅使企业可以取得一部分货币资金，而且能够直接获得所需的先进设备和技术，尽快形成生产能力。如果投资者投入企业的是优质资产，如先进适用的技术等，就能够快速地形成企业的竞争优势。

　　（2）容易进行信息沟通。吸收直接投资的投资者比较单一，股权没有社会化、分散化，甚至有的投资者直接担任企业管理层职务，企业与投资者易于双向沟通。

　　（3）有利于降低财务风险。吸收直接投资可以根据企业的经营状况向投资者支付报酬，企业经营状况好，就向投资者多支付一些报酬，企业经营状况不好，就可以向投资者少支付一些报酬或不支付报酬，比较灵活，因此财务风险比较小。而且，吸收直接投资的手续相对比较简单，筹资费用较低。

（二）主要缺点

　　（1）资本成本相对较高。相对于股票筹资来说，吸收直接投资的资本成本较高。当企业经营较好，盈利较多时，投资者往往要求将大部分盈余作为红利分配，而且红利是税后支付的，企业负担的资本成本较高。

　　（2）不利于产权流动。吸收直接投资由于没有证券作为媒介，产权关系有时不清晰，也不便于进行产权交易。

（3）容易导致控制权分散。采用吸收直接投资方式筹集资金，投资者一般都要求获得与投资数量相适应的经营管理权，这是接受外来投资的代价之一。如果新增外部投资者的投资较多，则新增投资者将拥有部分的管理权，导致企业控制权分散，这是吸收直接投资的不利因素。

> **想一想**
>
> 企业筹集权益资金主要依靠吸收直接投资，只有少数符合条件的企业才能发行股票。请问：企业如何吸引投资者直接投资？

二、发行股票

股票是股份有限公司为筹措股权资本而发行的有价证券，是公司签发的证明股东持有公司股份的凭证。股票作为一种所有权凭证，代表着股东对公司净资产的所有权。股票只能由股份有限公司发行。按股东权利和义务不同，股票分为普通股股票和优先股股票。

> **知识拓展**
>
> ### 什么是 IPO
>
> 首次公开募股（Initial Public Offerings，IPO），是指企业通过证券交易所首次公开向投资者增发股票，以期募集用于企业发展的资金的过程。

（一）发行普通股

普通股股票简称普通股，是公司发行的代表着股东享有平等的权利、义务，不加特别限制的、股利不固定的股票。普通股是最基本的股票，股份有限公司在通常情况下只发行普通股。

利用普通股融资，具有以下优缺点。

1. 主要优点

（1）筹措的资本不需归还。利用普通股筹集的资金是永久性资金，公司清算才需偿还。它可以保证公司最低的资金需求。

（2）普通股筹资没有固定的股利负担，财务风险小。公司有盈余但资金短缺或存在有利的投资机会，可少支付或不支付股利。

（3）能增强公司的社会声誉。普通股筹资使得股东大众化，由此给公司带来了广泛的社会影响。特别是上市公司，其股票的流通性强，有利于市场确认公司的价值。

（4）普通股筹资限制较少。利用优先股或债券筹资，通常有较多的限制，这些限制往往会影响公司经营的灵活性，而利用普通股筹资则限制较少。

（5）促进股权流通和转让。普通股筹资以股票作为媒介，便于股权的流通和转让，便于吸收新的投资者。

2. 主要缺点

（1）普通股的资本成本较高。一般说来，普通股的成本要大于债务资金的成本，这主要是因为股利从税后利润中支付。此外，普通股的发行费用也较高，手续复杂。

（2）不易及时形成生产能力。普通股筹资吸收的一般都是货币资金，还需要通过购置和建造才能形成生产能力。

（3）公司控制权分散，容易被他人控制。流通性强的股票交易，容易使公司股票被恶意收购。

📖☕ 情境案例

总部位于中国香港的商业服务提供商迦里仕人才（Galaxy Payroll Group）公布了首次公开募股（IPO）条款。该公司计划以每股 5 美元的价格发行 250 万股股票，筹资 1 250 万美元。按照协议价格，该公司的市值为 9 300 万美元。该公司计划在纳斯达克上市，股票代码为 GLXG。

迦里仕人才成立于 2013 年，其通过全资子公司进行运营，是一家工资外包、就业、咨询和市场研究服务提供商。该公司为零售和贸易、制造业、IT、金融等行业及专业服务、专业机构和教育以及医疗保健行业的客户提供服务。数据显示，该公司截至 2022 年 12 月 31 日的 12 个月营收为 500 万美元。

（资料来源：智通财经网）

（二）发行优先股

优先股股票简称优先股，是公司发行的相对于普通股具有一定优先权的股票。其优先权主要表现在股利分配优先权和分取剩余财产优先权上。优先股股东在股东大会上无表决权，在参与公司经营管理上受到一定限制，仅对涉及优先股权利的问题有表决权。

它是一种兼具股票和债券特点的有价证券。从法律上讲，优先股是公司自有资金的一部分，但优先股有固定的股利，与债券相似。因此，它是一种具有双重性质的有价证券。

1．主要优点

（1）筹集的资金无到期日，且不需偿还本金。

（2）优先股每股股利既固定又具有弹性。优先股一般采用固定股利，但在公司财务不佳时，也可以暂时不支付优先股股利，具有较强的灵活性。

（3）优先股股东没有表决权，它的发行不会影响公司的控制权分布。

2．主要缺点

（1）优先股筹资成本高。股利是在税后支付的，不能抵减所得税，而且是固定的股利。

（2）筹资限制多。优先股的发行往往附有一定的"优先"条款。

💭 想一想

股票上市是发行股票企业追求的目标，请问这是为什么？

👤 三、利用留存收益

利用留存收益是指企业将生产经营所实现的净收益留在企业，优先满足企业生产经营发展的需要，相当于企业原股东对企业追加投资。留存收益主要来自企业提取的盈余公积和未分配利润。

利用留存收益融资，具有以下主要优点。

（1）利用留存收益筹资，减少了企业对外部资金的需求。

（2）不发生筹资费用。与企业从外界筹集长期资金比较，留存收益筹资不需要发生筹资费用，资本成本较低。

（3）维持企业的控制权分布。利用留存收益筹资，不用对外发行新股或吸收新投资者，由此增加的权益资本不会改变企业的股权结构，不会稀释原有股东的控制权。

但是，因为企业必须经过一定时期的积累才可能拥有一定数量的留存收益，所以企业难以在短期内获得扩大再生产所需的资金，这是利用留存收益最大的不利因素。

任务三 债务资金筹集

✎ 任务描述

熟悉债务资金筹集方式及其优缺点，结合企业实际选择恰当的筹资方式。

📖 相关知识

👤 一、债务筹资的含义

债务筹资是指企业以负债方式借入并到期偿还资金的筹资方式，包括向银行借款、发行公司债券、融资租赁、利用商业信用等。

👤 二、债务筹资的优缺点

（一）债务筹资的优点

1. 筹资速度快

与股权筹资相比，债务筹资，如向银行借款、融资租赁等，不需要经过复杂的审批手续和证券发行程序，可以迅速地获得资金。

2. 筹资弹性大

发行股票等股权筹资，一方面需要经过严格的政府审批；另一方面从企业的角度出发，由于股权不能退还，股权资本在未来永久性地给企业带来了资本成本的负担。企业利用债务筹资，可以根据自身的经营情况和财务状况，灵活商定债务条件，控制筹资数量，安排取得资金的时间。

3. 资本成本负担较轻

一般来说，债务筹资的资本成本要低于股权筹资的资本成本。主要原因有三点：一是取得资金的手续费用等筹资费用较低，二是利息、租金等用资费用比股权资本要低，三是利息等资本成本可以在税前扣除。

4. 可以利用财务杠杆

债务筹资不改变企业的控制权分布，因而股东不会出于控制权稀释原因反对债务筹资。债权人从企业那里只能获得固定的利息或租金，不能参加企业剩余收益的分配。当企业的资本报酬率高于债务利率时，会增加普通股股东的每股收益，提高净资产报酬率，提升企业价值。

5. 稳定企业的控制权

债权人无权参加企业的经营管理，利用债务筹资不会改变和分散股东对企业的控制权。

（二）债务筹资的缺点

1. 不能形成企业稳定的资本基础

债务资本有固定的到期日，到期需要偿还，只能作为企业的补充性资本来源。

2. 财务风险较大

债务资本有固定的到期日，有固定的利息负担，抵押、质押等担保方式取得的债务，资本使用上可能会有特别的限制。这些都对企业的财务状况提出了更高的要求，要求企业有一定的偿债能力，保持资产流动性及其资产报酬水平，以作为清偿债务的保障，否则会给企业带来财务危机，甚至导致企业破产。

3. 筹资数额有限

债务筹资的数额往往受到贷款机构资本实力的制约，不可能像发行债券、股票那样一次性筹集到大笔资本，无法满足企业大规模筹资的需要。

情境案例

大地公司财务总监在对权益筹资各种方式的优缺点进行比较后，又对债务筹资各种方式的优缺点进行了比较分析，以选择最适合本企业实际情况的筹资方式。

假设你是大地公司财务总监，请选择筹资方式。

三、银行借款筹资

银行借款是指企业向有关银行或其他非银行金融机构借入的、需要还本付息的款项,包括偿还期限超过 1 年的长期借款和不足 1 年的短期借款,主要用于企业购建固定资产和满足流动资金周转的需要。

(一)银行借款的种类

银行借款按照不同的分类标准,可以进行不同的分类,具体如图 3-1 所示。

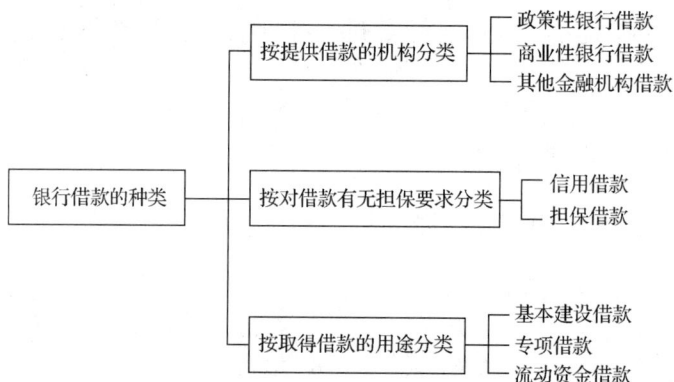

图 3-1　银行借款的种类

(二)长期借款的保护性条款

对期限长、风险大的长期借款,按照国际惯例,银行通常会对借款企业提出一些有助于保证借款按时足额偿还的条件,并将这些条件写进借款合同中,形成合同中的保护性条款。归纳起来,保护性条款有三类,如表 3-8 所示。

表 3-8　长期借款的保护性条款

种类	内容	
例行性保护条款	①定期提交财务报表;②保持存货储备量;③及时清偿债务;④不准以资产作为其他承诺的担保或抵押;⑤不准贴现应收票据或出售应收账款,以避免或有负债等	
一般性保护条款	保持	资产流动性
	限制	非经营性支出、资本支出的规模、长期投资、再举债规模
特殊性保护条款	①要求公司的主要领导人购买人身保险;②借款的用途不得改变;③违约惩罚条款	

（三）银行借款筹资的优缺点

1. 优点

（1）筹资速度快。银行对企业进行全面调查分析后，将企业的银行借款报贷审部门审议。审议通过后，企业即可办理借款手续，获取借款。

（2）筹资弹性大。与其他筹资方式相比，企业在需要资金时可与银行商定借入的时间、数量和条件等，在资金充裕时可提前还本付息，变更偿还时间，灵活性较强。

（3）借款成本低。就目前我国的情况来看，利用银行借款所支付的利息比发行债券所支付的利息低。另外，也无须支付大量的发行费用。

（4）可以发挥财务杠杆作用。银行借款筹集的资金属于债务资金，具有财务杠杆作用。在企业经营状况较好时，债务资金可以为企业带来利润率超过利率的差额收益，从而提高自有资金收益水平、增加股东财富。

2. 缺点

（1）筹资风险大。银行借款需要还本付息，在筹资数额较大的情况下，企业资金调度不周，就有可能无力按期偿付本金和利息，甚至导致破产。

（2）限制条款较多。企业与银行签订的借款合同中，一般都会有一些限制性条款，这些条款可能会限制企业的经营活动。

（3）筹资数量有限。银行一般不愿借出巨额长期借款，在企业需要大量资金时，采用这种方法可能达不到筹资目的。

> **想一想**
>
> 企业筹集债务资金最有效和最便捷的途径是银行借款，请问：银行对企业贷款时应遵循什么法律和规定？

四、发行债券筹资

债券是企业为筹集资金而发行的用以记载和反映债权债务关系的有价证券。其发行目的通常是为建设项目筹集长期资金。

（一）公开发行债券的条件

根据《证券法》的规定，公开发行公司债券，应当符合下列条件：

（1）股份有限公司的净资产不低于人民币 3 000 万元，有限责任公司的净资产不低于人民币 6 000 万元；

（2）累计债券余额不超过公司净资产的 40%；

（3）最近 3 年平均可分配利润足以支付公司债券 1 年的利息；

（4）筹集的资金投向符合国家产业政策；

（5）债券的利率不超过国务院限定的利率水平；

（6）国务院规定的其他条件。

公开发行公司债券筹集的资金，必须用于核准的用途，不得用于弥补亏损和非生产性支出。

（二）债券的种类

债券从不同的角度可以进行不同的分类，具体如图 3-2 所示。

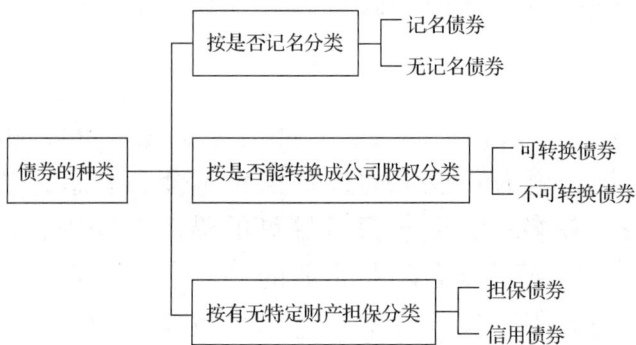

图 3-2　债券的种类

（三）债券筹资的优缺点

1. 债券筹资的优点

（1）筹资数额大。发行公司债券筹资，能够筹集大额的资金，满足公司大规模筹资的需要。这是公司选择发行公司债券筹资的主要原因。

（2）扩大公司的社会影响。公司债券的发行主体，有严格的资格限制。发行公司债券，往往是股份有限公司和有实力的有限责任公司所为。公司通过发行公司债券，一方面筹集了大量资金，另一方面也扩大了公司的社会影响。

（3）筹集资金的使用限制条件少。与银行借款相比，通过债券筹集的资金的使用具有相对的灵活性和自主性。特别是发行债券所筹集的大额资金，主要用于购建流动性较差的公司长期资产。从资金使用来看，银行借款一般期限短、额度小，主要用途为增加适量存货、增加小型设备等；反之，期限较长、额度较大，用于公司扩展、增加大型固定资产和基本建设投资的资金，多采用发行债券的方式筹集。

（4）能够锁定资本成本的负担。尽管公司债券的利息比银行借款高，但公司债券的期限长、利率相对固定，在预计市场利率持续上升的金融市场环境下，通过发行公司债券筹资，能够锁定资本成本。

2. 债券筹资的缺点

（1）发行资格要求高，手续复杂。发行公司债券，实际上是公司面向社会筹集资金，债权人是社会公众。因此，国家为了保护债权人利益，维护社会经济秩序，对发债公司的资格有严格的限制，从申报、审批、承销到取得资金，需要经过众多环节和较长时间的审核审批。

（2）资本成本较高。相对于银行借款筹资，发行债券的利息负担和筹资费用都比较高。而且债券不能像银行借款一样进行债务展期，加上大额的本金和较高的利息，在固定的到期日，会对公司现金流量产生巨大的财务压力。

知识拓展

衍生工具筹资

衍生工具筹资，包括兼具股权和债务性质的混合融资和其他衍生工具融资。我国上市公司目前常见的混合融资方式是可转换债券融资，常见的其他衍生工具融资是认股权证融资。

五、融资租赁筹资

租赁，是指通过签订资产出让合同的方式，使用资产的一方（承租方）通过支付租金，向出让资产的一方（出租方）取得资产使用权的一种交易行为。在这项交易中，承租方通过得到所需资产的使用权，完成了筹集资金的行为。租赁分为经营租赁和融资租赁两种形式。

（一）经营租赁

经营租赁是由租赁公司向承租方在短期内提供设备，并提供维修、保养、人员培训等服务性业务，所以它又称服务性租赁。经营租赁的特点主要如下。

（1）出租的设备一般由租赁公司根据市场需要选定，然后再寻找承租方。

（2）租赁期较短，短于资产的有效使用期，在合理的限制条件内承租方可以中途解约。

（3）租赁设备的维修、保养由租赁公司负责。

（4）租赁期满或合同终止以后，出租资产由租赁公司收回。经营租赁比较适用于租用技术过时较快的生产设备。

（二）融资租赁

融资租赁是由租赁公司按承租方要求出资购买设备，在较长的合同期内提供给承租方使用的融资信用业务，它是以融通资金为主要目的的租赁。

1. 融资租赁的主要特点

（1）出租的设备由承租方提出要求购买，或者由承租方直接从制造商或销售商那里选定。

（2）租赁期较长，接近于资产的有效使用期，在租赁期间双方无权取消合同。

（3）由承租方负责设备的维修、保养。

（4）租赁期满，按事先约定的方法处理设备，包括退还租赁公司，或继续租赁，或承租方留购。通常采用承租方留购的办法，即以很少的"名义价格"（相当于设备残值）买下设备。

📎 想一想

融资租赁租入固定资产与经营租赁租入固定资产是否都在企业资产负债表中反映？

2. 融资租赁的基本形式

（1）直接租赁

直接租赁是融资租赁的主要形式，承租方提出租赁申请时，出租方按照承租方的要求选购，然后再出租给承租方。

（2）售后回租

售后回租是指承租方由于急需资金等各种原因，将自己的资产售给出租方，然后以租赁的形式从出租方原封不动地租回资产的使用权。在这种租赁合同中，除资产所有者的名义改变之外，其余情况均无变化。

（3）杠杆租赁

杠杆租赁是指涉及承租人、出租人和资金出借人三方的融资租赁业务。一般来说，当所涉及的资产价值昂贵时，出租人自己只投入部分资金，通常为资产价值的 20%～40%，其余资金则通过将该资产抵押担保的方式，向第三方（通常为银行）申请贷款解决。然后出租人将购进的设备出租给承租人，用收取的租金偿还贷款，该资产的所有权属于出租人。出租人既是债权人也是债务人，如果出租人到期不能按期偿还借款，资产所有权则转移给资金的出借人。

3. 融资租赁筹资的优缺点

（1）融资租赁筹资的优点

① 筹资速度快。租赁往往比借款购置设备更迅速、更灵活。

② 限制条款少，手续简便，只要供需双方达成协议即可。

③ 设备淘汰风险小。承租人在签订租赁合同确定租期时，已根据自身的生产技术发展情况考虑了可能出现的无形损耗因素，因而可避免自行购置发生陈旧而造成的损失。

④ 财务风险小。租金在整个租期内分摊，不用到期归还大量本金。

⑤ 税收负担轻。租金可在税前扣除，具有抵免所得税的效用。

（2）融资租赁筹资的缺点

资金成本较高，这是其最主要的缺点。一般来说，融资租赁的租金要比举借银行借款或发行债券所负担的利息高得多。另外，由于承租人在租赁期内无资产所有权，因而不能根据自身的要求自行处置租赁资产。

📱 **知识拓展**

融资租赁租金的计算

（1）租金的构成。融资租赁的租金包括设备价款和租息两部分，租息又可分为租赁公司的融资成本、租赁手续费等。

（2）租金的支付方式。按支付间隔期长短，分为年付、半年付、季付和月付等方式；按支付时期先后，分为先付租金和后付租金；按每期支付金额，分为等额支付和不等额支付。

（3）租金的计算方法。我国融资租赁实务中，租金的计算大多采用等额年金法。等额年金法下，通常要根据利率和租赁手续费确定一个租赁费率，作为折现率。

后付租金即于每年年末支付等额租金，计算公式为：

$$A=P\div(P/A,i,n)$$

先付租金即于每年年初支付等额租金，计算公式为：

$$A=P\div[(P/A,i,n-1)+1]$$

式中，A 为每年应等额支付的租金；P 为租赁资产当前的价款；i 为折现率；n 为租期。

六、商业信用筹资

商业信用是指企业在商品或劳务交易中，以延期付款或预收货款方式进行购销活动而形成的借贷关系，是企业之间的直接信用行为，也是企业短期资金的重要来源。商业信用产生于企业生产经营的商品、劳务交易之中，是一种"自动性筹资"。

（一）商业信用的主要形式

商业信用的具体形式有应付账款、应付票据、预收账款等。

1. 应付账款

应付账款是企业购买货物暂未付款而欠对方的款项，是一种卖方信用。卖方利用应付账款方式促销，而买方通过延期付款则等于向卖方借用资金购进商品，可以满足短期的资金需要。

2. 应付票据

应付票据是企业进行延期付款商品交易时开具的反映债权债务关系的票据。应付票据支付期最长不超过 6 个月，可以带息，也可以不带息。应付票据的利率一般比银行的借款利率低，且不用保持相应的补偿余额和支付协议费，所以应付票据的筹资成本低于银行借款成本。

3. 预收账款

预收账款是卖方企业在交付货物之前向买方预先收取部分或全部货款的信用形式。对于卖方来讲，预收账款相当于向买方借用资金后用货物抵偿。预收账款一般用于生产周期长、资金需要量大或是紧俏的货物销售。

（二）现金折扣成本的计算

商业信用筹资一般不会发生成本。在有现金折扣的信用交易条件下，买方若在折扣期内付款，则可获得现金折扣；若放弃现金折扣，虽然可以在稍长的时间内占用卖方的资金，但会发生放弃现金折扣的机会成本。放弃现金折扣的机会成本计算公式为：

$$放弃现金折扣的机会成本 = \frac{折扣百分比}{1-折扣百分比} \times \frac{360}{信用期-折扣期}$$

以知促行

蓝海集团按 "1/10，N/40" 的条件购入 100 万元货物。该公司因资金紧张，拟放弃现金折扣。请你为该公司计算放弃现金折扣的机会成本，分析该决策是否可行。

很显然，该公司放弃现金折扣，其目的是取得在未来的 30 天（信用期-折扣期）内 99 万元 [100×（1-1%）] 的资金使用权。所以，放弃现金折扣的机会成本为：

$$放弃现金折扣的机会成本 = \frac{1\%}{1-1\%} \times \frac{360}{40-10} \times 100\% = 12.12\%$$

以上计算结果说明，如果卖方提供现金折扣，买方应尽量争取获得此项折扣，蓝海集团放弃现金折扣的机会成本高达 12.12%。

（三）商业信用筹资的优缺点

1. 优点

（1）筹资方便自然。
（2）筹资成本较低。
（3）企业一般不用提供担保。

2. 缺点

（1）商业信用的期限较短，资金使用时间不长。

（2）容易使企业的信誉恶化。商业信用的期限短，还款压力大，对企业现金流量管理的要求很高。如果企业长期和经常性地拖欠账款，会造成企业的信誉恶化。

（3）受外部环境影响较大。商业信用筹资受外部环境影响较大，稳定性较差，即使不考虑机会成本，也是不能无限利用的。

情境案例

恒大集团的票据违约事件

2021年6月29日晚间，三棵树发布一则公告，提及包括恒大集团在内的多家开发商票据逾期，其中恒大集团逾期票据金额达到5 137.06万元。在"公司针对应收票据逾期的坏账准备计提情况"板块，三棵树称，2021年第一季度，因个别大型地产商资金周转困难，公司应收票据出现逾期情形，截至2021年3月末，公司应收票据逾期金额共计5 363.72万元。其中，恒大集团逾期票据金额为5 137.06万元，截至2021年5月31日偿还金额为225.12万元，恒大集团逾期的票据占三棵树应收票据总逾期金额的95.77%；华夏幸福逾期票据金额为148.44万元，截至2021年5月31日偿还金额为60万元。

天眼查数据显示，恒大集团近几日新增多起票据官司：7月22日，广州奥的斯电梯有限公司佛山分公司起诉恒大集团的票据请求权纠纷将开庭；而7月2日，南通旭泰建筑劳务有限公司与恒大集团的票据纠纷已经在浙江建德开庭；6月29日，北京瑞拓电子技术发展有限公司与恒大集团的票据纠纷也在天津宝坻区法院开庭。

（资料来源：企业观察网，有删减）

素养贴士

企业利用商业信用筹资，应当在不损害信用的条件下，尽可能推迟付款时间；如果有现金折扣，企业则要将放弃现金折扣的机会成本与银行借款成本和投资收益大小相比较，以确定是否要接受现金折扣。只是简单地推迟付款甚至赖账，既不符合企业财务管理的要求，也违背了诚实守信的精神。

任务四　资本成本

任务描述

熟悉资本成本的概念，掌握个别资本成本的计算，掌握加权平均资本成本的计算，了解资本结构优化的决策。

相关知识

一、资本成本的概念

资本成本是指企业筹集和使用资金而付出的代价，通常包括筹资费用和用资费用。

（一）筹资费用

筹资费用是指企业在筹集资金过程中为取得资金而发生的各项费用，如银行借款手续费，发行股票、债券等有价证券而支付的印刷费、评估费、公证费、宣传费及承销费等。筹资费用在企业筹集资金时一次性发生，在资金使用过程中不再发生，因此，可作为筹资额的一项扣除。

（二）用资费用

用资费用即资金占用费，是指企业在生产经营、投资过程中因占用资本而付出的代价，如向股东支付的股利、向债权人支付的利息等。用资费用随资金使用时间的长短及使用金额的大小而变化，这是资本成本的主要内容。

素养贴士

关于资本逐利的名言

资本害怕没有利润或利润太少，就像自然界害怕真空一样。一旦有适当的利润，资本就大胆起来。如果有百分之十的利润，它就保证到处被使用；有百分之二十的利润，它就活跃起来；有百分之五十的利润，它就铤而走险；为了百分之一百的利润，它就敢践踏一切人间法律；有百分之三百的利润，它就敢犯任何罪行，甚至冒着被绞死的危险。

👤 二、资本成本的计算

资本成本可以用绝对数表示，也可以用相对数表示，但是因为绝对数不利于不同资金规模的比较，所以在财务管理中，一般采用相对数表示，也就是资本成本率。资本成本率的基本计算公式为：

$$资本成本率 = \frac{资金使用费}{筹资总额 - 资金筹集费用} \times 100\%$$

（一）个别资本成本的计算

个别资本成本是指单一融资方式的资本成本。

1. 银行借款资本成本

银行借款资本成本包括借款利息和筹资手续费两部分。借款利息一般是在企业所得税（以下简称"所得税"）税前支付的，在存在所得税的情况下，因借款利息而导致的真正现金流出为"利息×（1-所得税税率）"。因此，利息具有抵税效应。银行借款资本成本计算公式为：

$$K_i = \frac{P \times i \times (1-T)}{P \times (1-f)} = \frac{i \times (1-T)}{1-f}$$

式中，K_i 为银行借款税后资本成本；P 为银行借款筹资总额；i 为银行借款利率；T 为所得税税率；f 为银行借款筹资费率。

如果银行借款有附加的补偿性余额，银行借款筹资额应扣除补偿性余额，从而其资本成本将会提高。在无筹资费的前提下，银行借款税后资本成本率=借款利率×（1-所得税税率）。

👤📋 **以知促行**

长江公司欲从银行取得一笔 500 万元的长期借款，筹资费率为 0.2%，年利率为 10%，期限 5 年，每年结息一次，到期一次还本。所得税税率为 25%，则该笔银行借款的资本成本为：

$$K_i = \frac{500 \times 10\% \times (1-25\%)}{500 \times (1-0.2\%)} = 7.52\%$$

---

2. 债券资本成本

债券资本成本主要是指债券利息和筹资费用。债券利息在税前支付，具有抵税作用，债券利息的处理与银行借款利息相同。债券的筹资费用一般较高，这类费用主要包括申请发行债券的手续费、债券注册费、印刷费及承销费等。债券资本成本计算公式为：

$$K_b = \frac{I(1-T)}{B_0(1-f)} = \frac{B \cdot i \cdot (1-T)}{B_0(1-f)}$$

式中，K_b 为债券资本成本；I 为债券每年支付的利息；T 为所得税税率；B 为债券面值；f 为债券筹资费率；B_0 为按发行价格确定的债券筹资总额；i 为债券票面利率。

以知促行

长江公司发行一笔期限为 10 年的债券，债券面值为 500 万元，票面利率为 12%，每年付息一次，发行费率为 6%，所得税税率为 25%，债券按面值等价发行，则该笔债券的资本成本为：

$$K_b = \frac{500 \times 12\% \times (1-25\%)}{500 \times (1-6\%)} = 9.57\%$$

若溢价发行，发行价格为 600 万元，则该笔债券的资本成本为：

$$K_b = \frac{500 \times 12\% \times (1-25\%)}{600 \times (1-6\%)} = 7.98\%$$

若折价发行，发行价格为 450 万元，则该笔债券的资本成本为：

$$K_b = \frac{500 \times 12\% \times (1-25\%)}{450 \times (1-6\%)} = 10.64\%$$

知识拓展

公司债券的发行价格是指公司债券在发行市场上发行时所使用的价格。通常，公司债券的发行有平价发行、溢价发行和折价发行三种。当债券按面值发行时叫平价发行；当债券按高于面值的价格发行时叫溢价发行；当债券按低于面值的价格发行时叫折价发行。

3. 优先股资本成本

企业发行优先股，既要支付筹资费用，又要定期支付股利。优先股与债券不同的是，股利在税后支付，且没有固定到期日。当企业破产时，优先股股东的求偿权位于债权人之后，优先股股东的风险大于债券持有人的风险，这就使得优先股的股利率一般要高于债券的利率。另外，优先股股利要从净利润中支付，不能抵减所得税，所以，优先股资本成本通常要高于债券资本成本。优先股资本成本计算公式为：

$$K_p = \frac{D}{P_n(1-f)}$$

式中，K_P 为优先股资本成本；D 为优先股每年固定股利；P_n 为优先股筹资总额；f 为优先股筹资费率。

以知促行

蓝河公司发行面值 100 元的优先股 20 万股，按面值发行，规定的年股息率为 12%，筹资费率为 6%。则该优先股的资本成本为：

$$K_p = \frac{100 \times 12\%}{100 \times (1-6\%)} = 12.77\%$$

4. 普通股资本成本

普通股资本成本的计算比较复杂，从理论上讲，股东的投资期望收益率即为公司普通股的资本成本。在计算时，常常将此作为计算的依据，并假定各期股利的变化有一定的规律，采用贴现模式计算。假定资本市场有效，股票市场价格与价值相等，则普通股资本成本基本计算公式为：

$$K_s = \frac{D_1}{P_0(1-f)} + g$$

式中，K_s 为普通股资本成本；D_1 为预期下一年的股利；P_0 为普通股筹资额，即当前股票市场价格；f 为普通股筹资费率；g 为未来股利年增长率。

以知促行

蓝河公司准备增发普通股，每股发行价格为 15 元，筹资费率为 5%。预计第一年分派现金股利每股 1.8 元，以后每年股利增长 4%，则该普通股资本成本为：

$$K_s = \frac{1.8}{15 \times (1-5\%)} + 4\% = 16.63\%$$

5. 留存收益成本

留存收益是企业资金的一种重要来源，一般企业都不会把全部收益以股利的形式分给股东。企业留存收益的实质是股东对企业的追加投资，股东对这部分投资与以前投给企业的股本一样，也要求有相应的报酬，所以，留存收益也要计算成本。留存收益成本的计算与普通股资本成本的计算基本相同，但不用考虑筹资费用。其计算公式为：

$$K_{\mathrm{e}} = \frac{D_1}{V_0} + g$$

式中，K_{e} 为留存收益成本；V_0 为留存收益金额；其他符号的含义与普通股资本成本计算公式相同。

普通股和留存收益都属于所有者权益，股利的支付不固定。企业破产后，股东的求偿权位于最后。与其他投资者相比，普通股股东所承担的风险最大，因此，普通股的报酬也最高。所以，在各种资金来源中，普通股的资本成本最高。

想一想

既然留存收益不是一种无成本的融资来源，为什么它又颇受欢迎呢？

（二）综合资本成本的计算

当企业通过多种方式筹资时，综合资本成本比个别资本成本更为重要。综合资本成本即加权平均资本成本，用于衡量企业筹资的总体代价。加权平均资本成本是企业全部长期资金的总成本，通过对个别资本成本进行加权平均而确定。加权平均资本成本的计算公式为：

$$K_{\mathrm{w}} = \sum_{j=1}^{n} K_j W_j$$

式中，K_{w} 为加权平均资本成本；K_j 为第 j 种筹资方式的资本成本；W_j 为第 j 种筹资方式筹集的资金占筹资总额的比重；n 为公司筹资方式的种类数。

对于权重的计算，可以以账面价值为基础计算，也可以以市场价值为基础计算，还可以以目标价值为基础计算。但是如果不特指，通常以账面价值为基础计算权重。

以知促行

长江公司共有长期资本（账面价值）1 000万元，其中长期借款100万元、债券200万元、优先股100万元、普通股400万元、留存收益200万元，其个别资本成本分别为6%、6.5%、12%、15%、14.5%，计算该公司的加权平均资本成本。

该公司的加权平均资本成本为：

$$K_w=6\%\times10\%+6.5\%\times20\%+12\%\times10\%+15\%\times40\%+14.5\%\times20\%=12\%$$

素养贴士

资本成本与"舍""得"的人生哲理

"天上不会掉馅饼"，不管企业采用什么方式通过什么渠道筹集资金都会付出相应的代价，比如利息、股利的支付。要想获取经营所需的资金必须承担获取这些资金的成本。人生也是有"舍"才有"得"，"舍"与"得"并不是非此即彼的关系，而常常是一种相互包含的辩证关系。懂得取舍，不仅是一种人生态度，也是一种重要的能力。

三、资本结构优化

从筹资的角度看，资本结构是指企业债务性资本和权益性资本的比例关系。资本结构不仅影响企业的资本成本和价值，而且也影响企业的治理结构。因此，如何优化资本结构就成为企业理财决策中的核心问题。

在资本结构优化决策中，确定最优资本结构的方法主要有比较资本成本法、每股收益无差别点法等。

（一）比较资本成本法

比较资本成本法是指企业在筹资决策中，首先拟订多个备选方案，分别计算各个方案的加权平均资本成本，选择加权平均资本成本最低的资本结构作为最佳资本结构的方法。其基本程序如下：

（1）拟订几个筹资方案；

（2）确定各方案的资本结构；

（3）计算各方案的加权平均资本成本；

（4）通过比较，选择加权平均资本成本最低的结构作为最优资本结构。

情境案例

长城公司拟筹资 5 000 万元成立一家子公司开展新业务，现有如下两个资本结构方案可供选择，如表 3-9 所示。请采用比较资本成本法确定最优的资本结构方案。

表 3-9　长城公司筹资的资本结构方案

金额单位：万元

资金来源	A 方案			B 方案		
	资本成本	筹资额	比重	资本成本	筹资额	比重
长期借款	8%	1 000	20%	10%	2 500	50%
直接投资	14%	4 000	80%	14%	2 500	50%
合计		5 000	100%		5 000	100%
加权平均资本成本	12.8%			12%		

根据计算结果，B 方案的加权平均资本成本 12%小于 A 方案的 12.8%，在其他条件相同的情况下，B 方案为最佳筹资方案，其所形成的资本结构较优。

在个别资本成本已确定的情况下，综合资本成本的高低，主要取决于各种筹资方式的筹资额占拟筹资总额比重的高低。

（二）每股收益无差别点法

每股收益无差别点法是将息税前利润和每股收益联系起来，分析资本结构与每股收益之间的关系来确定最优资本结构的方法。这种方法确定的最优资本结构亦是每股收益最大的资本结构。

其基本做法是：计算出不同资本结构下每股收益相等时的息税前利润，即筹资无差别点的盈利水平，然后对照企业的盈利能力强弱来选择适宜的资本结构。一般而言，当企业盈利能力弱时，多采用权益性资本，可以降低财务风险；当企业盈利能力强时，多采用债务性资本，充分发挥财务杠杆作用，可以获取更多的收益。

筹资无差别点的每股收益（EPS）计算公式为：

$$\frac{(\text{EBIT} - I_1)(1 - T) - D_1}{N_1} = \frac{(\text{EBIT} - I_2)(1 - T) - D_2}{N_2}$$

式中，EBIT 为息税前利润；T 为所得税税率；I_1、I_2 为两种筹资方式下的年利息；D_1、D_2 为两种筹资方式下的优先股股利；N_1、N_2 为两种筹资方式下的流通在外的普通股股数。

以知促行

南海公司目前的所得税税率为 25%，资金总额为 1 000 万元，其结构为负债资金 200 万元，年利率为 10%；权益资金 800 万元，其中，普通股 640 万元、资本公积 100 万元、留存收益 60 万元，无优先股。现因生产发展准备再筹资 400 万元，公司预计该项目投产后公司的息税前利润将达到 200 万元。

现有两种备选筹资方案。

方案一：发行股票，发行价 10 元/股。

方案二：发行公司债券，年利率不变，仍为 10%。

表 3-10 列示了原资本结构和两种不同筹资方案实施后的资本结构变化情况。假设你是公司财务总监，请试用每股收益无差别点法为公司做出筹资决策。

表 3-10　南海公司资本结构变化情况

金额单位：万元

筹资方式	原资本结构	增加筹资后资本结构	
		增发普通股（A）	增发公司债（B）
公司债券（利率 10%）	200	200	200+400=600
利息	200×10%=20	200×10%=20	600×10%=60
普通股（面值 8 元）	640	640+40×8=960	640
普通股股数/万股	80	80+40=120	80
资本公积	100	100+40×2=180	100

续表

筹资方式	原资本结构	增加筹资后资本结构	
		增发普通股（A）	增发公司债（B）
留存收益	60	60	60
资金总额	1 000	1 000+400=1 400	1 000+400=1 400

注：发行新股时，每股发行价为 10 元，筹资 400 万元须发行 40 万股，普通股股本增加 320 万元，资本公积增加 80 万元。

根据表 3-8，可以计算出南海公司增发普通股与发行公司债券两种方案下的每股收益无差别点时的息税前利润。

$$\frac{(EBIT-20)(1-25\%)-0}{120}=\frac{(EBIT-60)(1-25\%)-0}{80}$$

每股收益无差别点的息税前利润（EBIT）=140 万元，这意味着当企业的息税前利润为 140 万元时，两种筹资方案下的每股收益均为 0.75 元，无论采用哪种筹资方案对公司的每股收益都没有影响。

也就是说，当 EBIT>140 万元时，利用负债筹资有利；当 EBIT<140 万元时，不应再增加负债，以发行普通股为宜。当 EBIT 为 140 万元时，采用两种方式无差别。

南海公司预计的息税前利润为 200 万元，大于 140 万元，故应采用发行公司债券方式筹资。此时，预计的每股收益将达到 1.31 元，高于发行股票筹资的每股收益 1.13 元。

$$预计的每股收益=\frac{(200-60)(1-25\%)}{80}=1.31（元）$$

$$发行股票的每股收益=\frac{(200-20)(1-25\%)}{120}=1.13（元）$$

任务五　杠杆原理

任务描述

掌握经营杠杆系数、财务杠杆系数和总杠杆系数的计算，了解不同杠杆与相关风险的关系。

📖 相关知识

👤 一、成本习性、边际贡献和息税前利润

（一）成本习性及其分类

成本习性是指成本总额与产销量之间在数量上的依存关系。按成本习性可把全部成本划分为固定成本、变动成本和混合成本三大类。

1．固定成本

固定成本是指其总额在一定时期和一定产销量范围内不随产销量发生任何变动的那部分成本。属于固定成本的主要有按直线法计提的折旧费、保险费、管理人员工资、办公费等，这些费用每年支出水平基本相同，即使产销量在一定范围内变动，它们也保持固定不变。单位固定成本将随产销量的增加而逐渐变小。

2．变动成本

变动成本是指其总额随着产销量呈正比例变动的那部分成本。直接材料、直接人工等都属于变动成本。但从产品的单位成本来看，则与单位固定成本恰好相反，产品单位成本中的直接材料、直接人工将随着产销量的变动保持不变。

3．混合成本

有些成本虽然也随产销量变动而变动，但不呈同比例变动，不能简单地归入变动成本或固定成本。混合成本按其与产销量的关系又可分为半变动成本和半固定成本。

从以上分析我们知道，成本按习性可以分为固定成本、变动成本和混合成本三类，混合成本又可以按一定的方式分解成变动部分和固定部分，这样，总成本习性模型可以用下式表示：

$$y=a+bx$$

式中，y 为总成本；a 为固定成本；b 为单位变动成本；x 为产销量。

显然，若能求出上式中 a 和 b 的值，就可以利用这个直线方程进行成本预测、成本决策和其他短期决策。

（二）边际贡献及其计算

边际贡献是指销售收入减去变动成本后的差额，其计算公式为：

$$TCM=px-bx=（p-b）x$$

式中，TCM 为边际贡献；p 为销售价格；b 为单位变动成本；x 为产销量。

（三）息税前利润及其计算

息税前利润是指企业支付利息和缴纳所得税之前的利润。成本按习性分类后，息税前利润可用下列公式计算：

$$EBIT=px-bx-a=（p-b）x-a=TCM-a$$

式中，EBIT 为息税前利润；a 为固定成本；其他符号的含义与边际贡献成本计算公式相同。

二、经营杠杆

（一）经营杠杆的含义

经营杠杆是指由于固定性经营成本的存在，企业的息税前利润变动率大于产销量变动率的现象。经营杠杆反映了资产报酬的波动性，可以用来评价企业的经营风险。在一定的经营规模条件下，当其他条件不变时，固定成本总额是一个固定不变的数值，当产销量增加时，单位产品分摊的固定成本会随之下降；当产销量下降时，单位产品分摊的固定成本会随之上升。这一切都会导致息税前利润以更大幅度随产销量的变动而变动，这就是经营杠杆效应。但是，当不存在固定性经营成本时，息税前利润变动率与产销量变动率一致。所以，只要企业存在固定成本，就存在经营杠杆效应。

> 想一想
>
> 只要企业存在固定成本，就存在经营杠杆效应。请问：企业有可能不存在固定成本吗？

（二）经营杠杆系数的计算

经营杠杆系数是测算经营杠杆效应程度常用的指标，它等于息税前利润变动率与产销量变动率的比。其计算公式为：

$$经营杠杆系数 = \frac{息税前利润变动率}{产销量变动率}$$

或

$$DOL = \frac{\Delta EBIT \div EBIT}{\Delta x \div x}$$

式中，DOL 为经营杠杆系数；$\Delta EBIT$ 为息税前利润变动额；Δx 为产销量变动额。

经整理，经营杠杆系数也可用简化式计算：

$$经营杠杆系数 = \frac{基期边际贡献}{基期边际贡献 - 基期固定成本}$$

或

$$DOL = \frac{TCM}{TCM - a} = \frac{EBIT + a}{EBIT}$$

式中，a 为基期固定成本。

以知促行

南海公司产销儿童玩具，固定成本为 600 万元，变动成本率为 60%。年产销额为 4 000 万元时，变动成本为 2 400 万元，固定成本为 600 万元，息税前利润为 1 000 万元；年产销额为 6 000 万元时，变动成本为 3 600 万元，固定成本仍为 600 万元，息税前利润为 1 800 万元。计算南海公司的经营杠杆系数。

$$DOL = \frac{\Delta EBIT \div EBIT}{\Delta x \div x} = \frac{800 \div 1\,000}{2\,000 \div 4\,000} = 1.6$$

或

$$DOL = \frac{TCM}{TCM - a} = \frac{1\,600}{1\,600 - 600} = 1.6$$

可以看出，该公司产销量增长了 50%，息税前利润增长了 80%，产生了 1.6 倍的经营杠杆效应。

（三）经营杠杆与经营风险

经营风险是指企业生产经营上的原因导致的资产报酬波动的风险。产品的市场需求、价格、成本等因素的不确定性是影响资产报酬波动的主要原因，经营杠杆本身并不是资产报酬不稳定的根源，只是资产报酬波动的表现。但是，经营杠杆放大了市场和生产等因素变化对利润波动的影响。经营杠杆系数越高，表明利润波动程度越大，经营风险也就越大。

情境案例

富力地产去杠杆成效显著

2020 年，富力地产营业收入为 858.9 亿元，毛利润为 203.9 亿元，净利润约为 91.5 亿元，净利率约为 10.65%。尽管受到客观条件影响，富力地产仍获得净利润 91.5 亿元，同时减少了 374 亿元负债，净负债率大幅下降 69 个百分点，年末现金量达 399.5 亿元。

这些成绩的背后，是富力地产无论面对何种考验都始终积极应对的"韧性"。在市场情况还不稳定的情况下，富力地产深知，只有拥有充裕的现金，才可以更好地应对各种各样的挑战，并通过促销售、去库存、抓回款、控支出等综合措施，打响现金流保卫战。2020 年，面对客观条件影响，走在创新营销前沿的富力地产推出一大波新潮玩法，持续不断地增加销售力度。

事实上，无论是改善现金回款，还是增加流动资金，富力地产打出一系列"组合拳"的最终目的都是加快去杠杆。配股融资亦是"组合拳"中的一环，2020 年，富力地产完成 2.7 亿股新 H 股配售。财报显示，2020 年全年，富力地产共削减债务 374 亿元，其中包括境内债券 236 亿元、信托及境内银行贷款 119 亿元和离岸债券及离岸贷款 19 亿元。

富力地产在 2020 年年底预计，2021 年的可售资源为 2 700 亿元，可协助实现 1 500 亿元的协议销售目标；信贷状况将持续改善，并将继续寻求资产变现的潜在机会。

三、财务杠杆

（一）财务杠杆的含义

财务杠杆是指由于固定性资本成本的存在，企业的普通股收益（或每股收益）变动率大于息税前利润变动率的现象。财务杠杆反映了股权资金报酬的波动性，可用以评价企业的财务风险。

想一想

只要企业融资方式中存在固定性资本成本，就存在财务杠杆效应。请问：什么是固定性资本成本？

知识拓展

在其他条件不变时，企业支付的债务利息、优先股股利等资本成本是相对固定的，因而当息税前利润增长时，每一元息税前利润所负担的固定性资本成本就会相应减少；当息税前利润减少时，每一元息税前利润所负担的固定性资本成本就会相应增加，这一切都会导致普通股每股收益更大幅度的变动，这就是财务杠杆效应。

（二）财务杠杆系数的计算

财务杠杆系数是测算财务杠杆效应常用的指标，它等于每股收益变动率与息税前利润变动率的比。其计算公式为：

$$财务杠杆系数 = \frac{每股收益变动率}{息税前利润变动率}$$

或

$$DFL = \frac{EBIT}{EBIT - I}$$

式中，DFL 为财务杠杆系数；I 为债务年利息额。

以知促行

沿用"二、经营杠杆"中【以知促行】资料，若南海公司实现的息税前利润为 1 600 万元，发生利息费用 800 万元，则其财务杠杆系数为：

$$DFL = \frac{1\,600}{1\,600 - 800} = 2$$

计算结果说明南海公司产生了 2 倍的财务杠杆效应。

（三）财务杠杆与财务风险

财务风险是指企业由于筹资原因产生的固定性资本成本负担而产生的普通股收益波动的风险。引起企业财务风险的主要原因是息税前利润的不利变化和固定性资本成本的负担。由于财务杠杆的作用，当企业的息税前利润下降时，企业仍然需要支付固定性资本成本，从而导致普通股收益以更快的速度下降。财务杠杆放大了息税前利润变化对普通股收益的影响，财务杠杆系数越高，表明普通股收益的波动程度越大，财务风险也就越大。

四、总杠杆

（一）总杠杆的含义

总杠杆是指由于固定性经营成本和固定性资本成本的存在，企业的普通股每股收益变动率大于产销量变动率的现象。总杠杆反映经营杠杆和财务杠杆共同作用的结果，可用以评价企业的整体风险水平。

（二）总杠杆系数的计算

总杠杆系数是测算经营杠杆和财务杠杆综合程度常用的指标，它等于经营杠杆系数与财务杠杆系数的乘积，是普通股每股收益变动率相对于产销量变动率的倍数。其计算公式为：

$$总杠杆系数=经营杠杆系数×财务杠杆系数=\frac{普通股每股收益变动率}{产销量变动率}$$

或

$$DTL = DOL \times DFL = \frac{\Delta EPS \div EPS}{\Delta x \div x}$$

经整理，总杠杆系数也可用简化式计算：

$$总杠杆系数=\frac{基期边际贡献}{基期息税前利润总额}$$

或

$$DTL = \frac{TCM}{TCM - a - I} = \frac{TCM}{EBIT - I}$$

以知促行

沿用"二、经营杠杆"与"三、财务杠杆"中【以知促行】资料，南海公司总杠杆系数为：

$$DTL=1.6×2=3.2$$

计算结果说明经营杠杆与财务杠杆共同作用，产生了 3.2 倍的总杠杆效应。

（三）总杠杆与公司风险

公司风险包括企业的经营风险和财务风险。总杠杆系数反映了经营杠杆和财务杠杆之间的关系，可用于评价企业的整体风险水平。总杠杆系数一定的情况下，经营杠杆系数与财务杠杆系数此消彼长。在其他因素不变的情况下，总杠杆系数越大，公司风险越大。

知识拓展

经营风险与财务风险的反向搭配

经营风险的大小是由特定的经营战略决定的，财务风险的大小是由资本结构决定的，它们共同决定了企业的总风险。经营风险与财务风险的结合方式，从逻辑上可以分为四种类型。

（1）高经营风险与高财务风险搭配。

这种搭配具有很高的总体风险。例如，一个处于初创期的高科技企业，假设能够通过借款取得大部分资金，则其破产的可能性很大，而成功的可能很小。这种搭配符合风险投资者的要求，他们只需要投入很小的权益资本，就可以开始冒险活动。

（2）高经营风险与低财务风险搭配。

这种搭配具有中等程度的总体风险。例如，一个处于初创期的高科技企业，主要使用权益筹资，而较少使用或不使用负债筹资。这种资本结构对权益投资人来说有较高的风险，也会有较高的预期报酬，符合他们的要求。

（3）低经营风险与高财务风险搭配。

这种搭配具有中等程度的总体风险。例如，一个处于成熟期的公用企业，大量使用借款筹资。这种资本结构对权益投资人来说经营风险低，投资报酬率也低。

（4）低经营风险与低财务风险搭配。

这种搭配具有很低的总体风险。例如，一个处于成熟期的公用企业，只借入很少的负债资本。对债权人来说，这是一个理想的资本结构，可以放心地为该企业提供贷款。企业有稳定的现金流，而且债务不多，偿还债务有较好的保障。权益投资人很难认同这种搭配，其投资报酬率和财务杠杆系数都较低，自然权益报酬率也不会高。

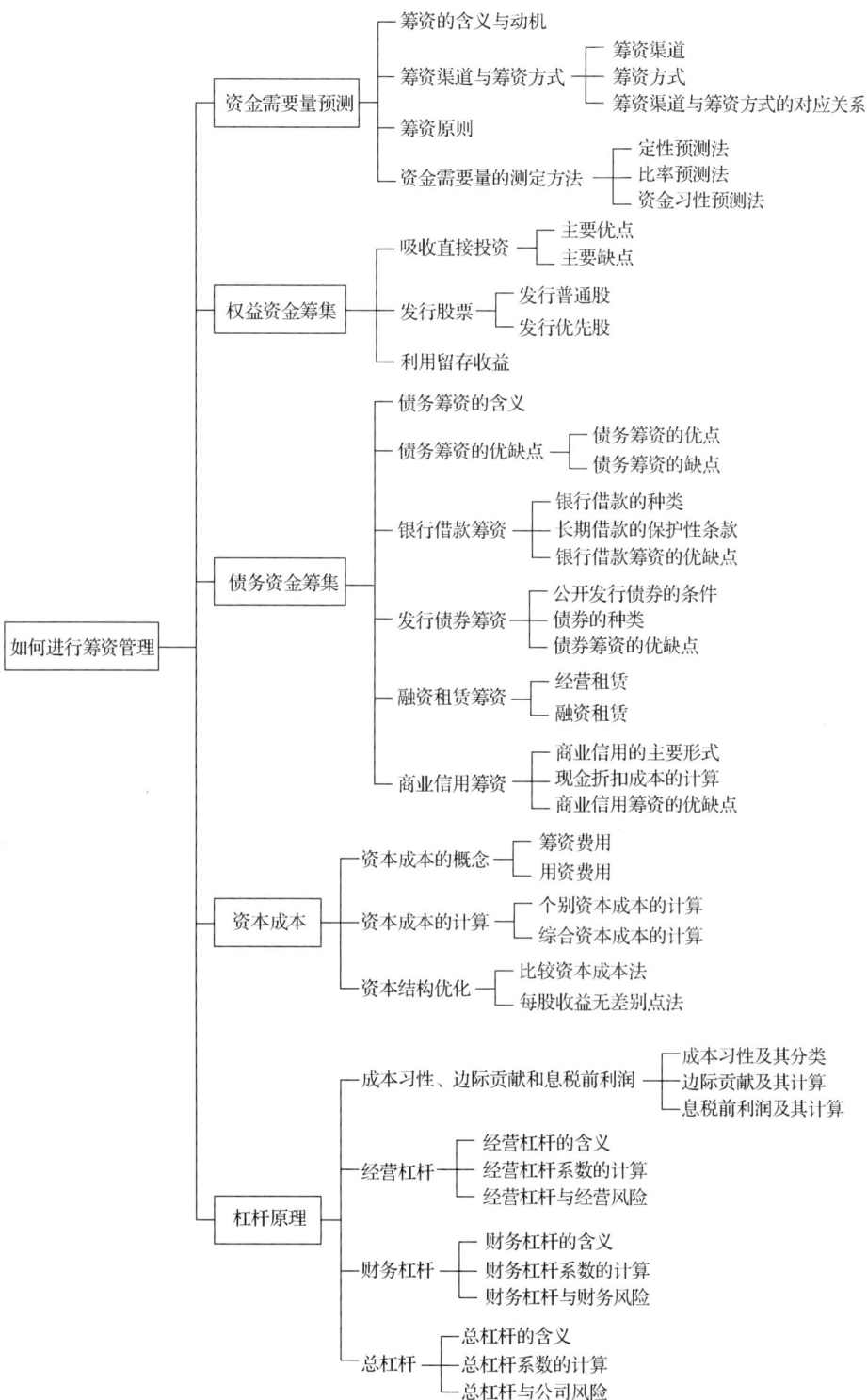

项目小结

```
如何进行筹资管理
├─ 资金需要量预测
│   ├─ 筹资的含义与动机
│   ├─ 筹资渠道与筹资方式
│   │   ├─ 筹资渠道
│   │   ├─ 筹资方式
│   │   └─ 筹资渠道与筹资方式的对应关系
│   ├─ 筹资原则
│   └─ 资金需要量的测定方法
│       ├─ 定性预测法
│       ├─ 比率预测法
│       └─ 资金习性预测法
├─ 权益资金筹集
│   ├─ 吸收直接投资
│   │   ├─ 主要优点
│   │   └─ 主要缺点
│   ├─ 发行股票
│   │   ├─ 发行普通股
│   │   └─ 发行优先股
│   └─ 利用留存收益
├─ 债务资金筹集
│   ├─ 债务筹资的含义
│   ├─ 债务筹资的优缺点
│   │   ├─ 债务筹资的优点
│   │   └─ 债务筹资的缺点
│   ├─ 银行借款筹资
│   │   ├─ 银行借款的种类
│   │   ├─ 长期借款的保护性条款
│   │   └─ 银行借款筹资的优缺点
│   ├─ 发行债券筹资
│   │   ├─ 公开发行债券的条件
│   │   ├─ 债券的种类
│   │   └─ 债券筹资的优缺点
│   ├─ 融资租赁筹资
│   │   ├─ 经营租赁
│   │   └─ 融资租赁
│   └─ 商业信用筹资
│       ├─ 商业信用的主要形式
│       ├─ 现金折扣成本的计算
│       └─ 商业信用筹资的优缺点
├─ 资本成本
│   ├─ 资本成本的概念
│   │   ├─ 筹资费用
│   │   └─ 用资费用
│   ├─ 资本成本的计算
│   │   ├─ 个别资本成本的计算
│   │   └─ 综合资本成本的计算
│   └─ 资本结构优化
│       ├─ 比较资本成本法
│       └─ 每股收益无差别点法
└─ 杠杆原理
    ├─ 成本习性、边际贡献和息税前利润
    │   ├─ 成本习性及其分类
    │   ├─ 边际贡献及其计算
    │   └─ 息税前利润及其计算
    ├─ 经营杠杆
    │   ├─ 经营杠杆的含义
    │   ├─ 经营杠杆系数的计算
    │   └─ 经营杠杆与经营风险
    ├─ 财务杠杆
    │   ├─ 财务杠杆的含义
    │   ├─ 财务杠杆系数的计算
    │   └─ 财务杠杆与财务风险
    └─ 总杠杆
        ├─ 总杠杆的含义
        ├─ 总杠杆系数的计算
        └─ 总杠杆与公司风险
```

技能训练

一、单项选择题

1. 某企业取得 5 年期长期借款 200 万元，年利率为 8%，每年付息一次，到期一次还本，借款费用率为 0.2%，所得税税率为 25%。该项借款的资本成本率为（　　）。

    A. 6%　　　　B. 6.01%　　　　C. 6.05%　　　　D. 8.02%

2. 某公司普通股市价为 30 元，预计未来第一年发放现金股利每股 0.6 元，预期股利年增长平均为 6%，筹资费率为 2%，所得税税率为 25%。则该普通股资本成本率为（　　）。

    A. 8.12%　　　B. 8%　　　　C. 8.04%　　　　D. 8.16%

3. 某上市公司发行面值为 100 元的优先股，规定的年股息率为 12%。该优先股溢价发行，发行价格为 120 元，发行时筹资费率为发行价的 2%，所得税税率为 25%，则该优先股资本成本率为（　　）。

    A. 7.65%　　　B. 10.20%　　　C. 9.18%　　　D. 12.24%

4. 下列各项中，属于资金占用费的是（　　）。

    A. 借款手续费　　　　　　B. 股票发行费

    C. 债券发行费　　　　　　D. 借款利息费

5. 甲企业目前资产总额为 1 500 万元，资产负债率为 40%，平均利率为 10%，利息保障倍数为 2，假设不存在资本化利息费用和优先股。则该企业预计期财务杠杆系数为（　　）。

    A. 0.67　　　B. 1　　　　C. 1.5　　　　D. 2

6. 某企业 2021 年的销售额为 5 000 万元，变动成本为 1 800 万元，固定经营成本为 1 400 万元，利息费用为 50 万元，则 2022 年该企业的总杠杆系数为（　　）。

    A. 1.78　　　B. 1.03　　　C. 1.83　　　D. 1.88

7. 某企业存在股票筹资和债务筹资两种筹资方式，当每股收益无差别点的息税前利润大于预期的息税前利润的时候，应该选择的筹资方式是（　　）。

    A. 债务筹资

    B. 股票筹资

    C. 两种筹资方式都不可以

    D. 两种筹资方式都可以

8. 甲企业的管理者认为，企业目前的资本结构不合理，股权资金比重较大，企业的资本成本负担较重，为了调整资本结构产生的筹资动机是（　　　）。

    A. 创立性筹资动机

    B. 支付性筹资动机

    C. 扩张性筹资动机

    D. 调整性筹资动机

9. 下列各种筹资方式中，最能有效降低公司财务风险的是（　　　）。

    A. 吸收直接投资

    B. 发行优先股筹资

    C. 发行公司债券筹资

    D. 发行附认股权证债券筹资

10. 企业之间在商品或劳务交易中，由于延期付款或延期交货所形成的借贷信用关系的筹资方式是（　　　）。

    A. 租赁　　　　　　　　　　B. 发行债券

    C. 商业信用　　　　　　　　D. 向金融机构借款

二、多项选择题

1. 下列各项中，属于筹资费用的有（　　　）。

    A. 股票发行费　　　　　　　B. 利息支出

    C. 租赁的资金利息　　　　　D. 借款手续费

2. 企业筹资大致可以分为从企业内部和外部取得资金，下列属于外部筹资的方式有（　　　）。

    A. 留存收益　　　　　　　　B. 吸收直接投资

    C. 银行借款　　　　　　　　D. 融资租赁

3. 下列各项中，属于债务筹资方式的有（　　　）。

    A. 发行股票　　　　　　　　B. 发行债券

    C. 发行可转换债券　　　　　D. 向金融机构借款

4. 下列选项中，属于筹资管理的原则的有（　　　）。

    A. 筹措合法　　　　　　　　B. 规模适当

    C. 尽早取得　　　　　　　　D. 来源经济

5. 采用销售百分比法预测资金需要量时，下列各项中，通常与销售额保持稳定的比例关系的有（　　　）。

A．应收账款　　　　　　　　B．存货

C．应付票据　　　　　　　　D．短期借款

6．下列选项中，可以作为平均资本成本计算采用的权数价值的有（　　）。

A．历史价值权数　　　　　　B．账面价值权数

C．目标价值权数　　　　　　D．市场价值权数

7．下列各项中，影响总杠杆系数的有（　　）。

A．固定经营成本　　　　　　B．优先股股利

C．所得税税率　　　　　　　D．利息费用

8．下列各项因素中，会影响经营杠杆系数的有（　　）。

A．固定经营成本　　　　　　B．单价

C．优先股股利　　　　　　　D．普通股股利

9．下列措施中，会增加企业经营风险的有（　　）。

A．增加产品销售量　　　　　B．降低利息费用

C．提高单位变动成本　　　　D．提高固定成本

10．下列有关杠杆租赁的表述中，不正确的有（　　）。

A．出租人只出购买资产所需的部分资金作为自己的投资，另外以租赁资产作为担保向资金出借者借入其余资金

B．承租人既是债权人也是债务人

C．是租赁的主要形式

D．涉及承租人、出租人和资金出借人三方

三、判断题

1．在计算个别资本成本时，长期债券筹资不需要考虑所得税抵减作用。（　　）

2．发行股票时支付的发行费属于资本成本的筹资费用。（　　）

3．固定经营成本和固定资本成本的共同存在，会导致出现普通股每股收益变动率大于息税前利润变动率的现象。（　　）

4．在各种资金来源中，凡是需支付固定性占用费的资金都能产生财务杠杆作用。（　　）

5．某企业财务杠杆系数为1.6，当息税前利润增长15%时，普通股盈余将以24%的增长率高速增长。（　　）

6．总杠杆效应的意义在于能够说明产销量变动对普通股收益的影响，

据以预测企业未来的每股收益水平；揭示了财务管理的风险管理策略，即要保持一定的风险状况水平，需要维持一定的总杠杆系数，经营杠杆和财务杠杆可以有不同的组合。　　　　　　　　　　　　　　　　（　　）

7. 经营杠杆的存在是引起企业经营风险的主要原因。　　　　（　　）

8. 支付性筹资动机是指企业因扩大经营规模或满足对外投资需要而产生的筹资动机。　　　　　　　　　　　　　　　　　　　（　　）

9. 债务筹资的资本成本比股权筹资的要低，所以企业筹资应该尽可能多地利用债务筹资。　　　　　　　　　　　　　　　　　（　　）

10. 向金融机构借款，既可以筹集长期资金，也可以融通短期资金。
　　　　　　　　　　　　　　　　　　　　　　　　　　　　（　　）

四、计算分析题

1. 甲企业 2021 年销售收入为 6 000 万元，销售净利率为 10%，股利支付率为 60%。预计 2022 年销售收入将增加 30%，销售净利率与股利支付率保持不变。2021 年年末甲企业资产负债信息如表 3-11 所示。

表 3-11　甲企业资产负债信息

2021 年 12 月 31 日　　　　　　　　　　　　　金额单位：万元

资产	金额	与销售收入的关系	负债与权益	金额	与销售收入的关系
现金	120	2%	短期借款	300	—
应收账款	600	10%	应付票据	120	2%
存货	900	15%	应付账款	180	3%
流动资产合计	1 620	—	长期负债	200	—
固定资产	180	3%	股本	500	—
			留存收益	500	—
资产总额	1 800	30%	负债与权益合计	1 800	5%

要求：

（1）计算 2022 年甲企业所需增加的资金；

（2）计算 2022 年甲企业的留存收益的增加；

（3）计算 2022 年甲企业的外部筹资额。

2. 某公司 2022 年计划生产单位售价为 15 元的 A 产品。该公司目前有两个生产方案可供选择。

方案一：单位变动成本为 7 元，固定成本总额为 60 万元。

方案二：单位变动成本为 8.25 元，固定成本总额为 45 万元。

该公司资产总额为 200 万元，资产负债率为 45%，负债的平均年利率为 10%。预计 2022 年 A 产品年销售量为 20 万件，该公司目前正处于免税期。

要求（杠杆系数的计算结果保留至小数点后四位）：

（1）计算方案一的经营杠杆系数、财务杠杆系数及总杠杆系数；

（2）计算方案二的经营杠杆系数、财务杠杆系数及总杠杆系数；

（3）预计销售量下降 25%，两个方案的息税前利润各下降多少；

（4）对比两个方案的总风险。

项目四

如何进行投资管理

🔒 学习目标

知识目标

1. 了解项目投资的概念。

2. 掌握现金流量的构成与估算。

3. 熟悉项目投资的评价指标及其优缺点。

4. 理解项目投资的决策方法和思路。

能力目标

1. 熟练掌握各种项目投资评价方法的运用技巧。

2. 初步具备运用项目投资决策方法的能力。

素养目标

1. 培养投资决策的敏锐度，锻炼对市场风险、投资失败的接受能力。

2. 在团队协作中学会取长补短，培养大局意识和集体荣誉感、乐观积极的人生态度。

📋 案例导航

蓝河家具公司总经理在第一季度收到一份投资计划书。计划书阐述了蓝河家具公司随着业务的不断扩大，需要的原材料也在逐年增加，但是随着原材料资源的匮乏，其价格也在逐渐上涨，一些原材料经常出现供货不足的情况。蓝河家具公司开发部经过研发，成功地开发出了新工艺家具——竹家具。竹家具产业是一个新兴的低碳产业。首先，竹子生长速度快，三四年就可成材，且砍伐后还可再生，竹子硬度高、韧性强，不失为一种优质的替代材料；其次，由于竹子的吸湿性和吸热性高于其他材料，故冬暖夏凉，给人以舒适的感受；最后，竹家具保持了竹子原有的天然纹路，带给人一种质朴、古典的感觉。竹家具的研发、生产和销售契合了中国家具制造行业的环保、智能、定制、个性化的未来发展方向，所以公司准备与东方农垦有限公司合作竹家具项目。

【思考】

如果你是蓝河家具公司总经理，你会同意这项投资计划吗？

任务一 项目现金流量计算

✍ 任务描述

了解项目投资的概念和特点，熟悉项目计算期，掌握现金流量的构成与估算。

📖 相关知识

👤 一、项目投资概述

（一）项目投资的概念

项目投资是以特定项目为对象，直接与新建项目或更新改造项目有关的长期投资行为。

其中，新建项目属于扩大再生产，更新改造项目属于简单再生产。项目投资通常包括固定资产投资、无形资产投资和流动资产投资等内容。一个完整的项目投资管理包括项目的提出、评价、决策、实施等一系列的管理，本项目将主要阐述项目的财务评价管理。

（二）项目投资的特点

一般来说，项目投资有下列主要特点。

（1）投资金额大。项目投资，尤其是工业新建项目投资，往往需要大量的现金流出。因此，项目投资对企业未来的财务状况和现金流量都会产生重大影响。

（2）投资回收期长。项目投资往往规模较大，发挥作用时间长，回收期也长，短则几年，长则几十年，是一项长期投资。

（3）变现能力弱。项目投资以特定项目为投资对象，一般不准备在一年或一个营业周期内变现。

（4）投资风险大。项目投资风险大，一方面是因为项目投资金额大、固定成本高、回收期长，另一方面是因为影响项目投资未来收益的不确定性因素有很多。

（三）项目计算期的构成与资本投入方式

项目计算期是指投资项目从投资建设开始到最终清理结束整个过程的全部时间，即该项目的有效持续期间。完整的项目计算期包括建设期和生产经营期。其中，建设期（记作 $s,s \geq 0$）的第一年年初（记作 0 年）称为建设起点，建设期的最后一年年末（记作 n 年）称为投产日，从投产日到终结点之间的时间间隔称为生产经营期（记作 p），生产经营期包括试产期和达产期（完全达到设计生产能力）。项目建设期用公式表示为：

$$项目计算期（n）=建设期（s）+生产经营期（p）$$

项目计算期、建设期和生产经营期三者之间的关系可用图 4-1 表示。

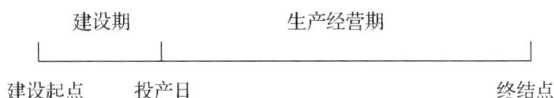

图 4-1　项目计算期构成

反映项目投资金额的指标主要有原始投资和项目投资总额。原始投资（又称初始投资）等于企业为使该项目完全达到设计生产能力、开展正常经营而投入的全部现实资金，包括建设投资和流动资金投资两项内容。建设投资是在建设期内按一定生产经营规模和建设内容进行的投资。流动资金投资是指项目投产前后分次或一次投放于营运资金项目的投资增加额，又称垫支流动资金或营运资金投资。在财务可行性评价中，原始投资与建设期资本化利息之和为项目投资总额，它是反映项目投资总体规模的指标。

从时间特征上看，投资主体将资金投入具体投资项目的方式有一次投入和分次投入两种。一次投入方式下，投资行为集中一次发生在项目计算期的第一个年度的某一时间点；如果投资行为涉及两个或两个以上年度，或者虽只涉及一个年度，但同时在该年的不同时点发生，则属于分次投入方式。

想一想

一家造船厂和一家从事远洋运输的海运公司分别建造或购买一艘远洋运输轮船。请思考：这两家企业获得远洋运输轮船的行为性质是否相同？

二、现金流量计算

（一）现金流量的概念

现金流量，是指一个投资项目引起的企业现金流出和现金流入的数量。企业无论是把资金投在企业内部形成各种资产，还是投向企业外部形成对外投资，都需要以现金流量为对象进行可行性分析。现金流量是评价投资方案是否可行时必须事先计算的一个基础性数据。

企业在未来一定期间所发生的现金收支，叫作现金流量。其中，现金收入称为现金流入量，现金支出称为现金流出量；现金流入量与现金流出量相抵后的余额，称为现金净流量。在一般情况下，投资决策中的现金流量通常指现金净流量。这里所谓的现金既指库存现金、银行存款等货币资金，也指相关的非货币性资产的变现价值。

课堂小测试

（多选题）在一般情况下，投资决策中的现金流量通常指现金净流量。投资决策中的现金包括（　　　）。

A. 库存现金　　　　　　　　　B. 设备的变现价值

C. 相关非货币性资产的账面价值　　D. 银行存款

想一想

1. 如何理解项目投资的现金流量？它与财务报表中的现金流量有哪些不同？

2. 假设你是某公司的普通职员，请你制订自己一个月的现金流入和现金流出计划。

（二）现金流量的内容

投资决策中的现金流量一般包括投资期现金流量、营业期现金流量和终结期现金流量三部分内容。

1. 投资期现金流量

投资期现金流量主要是现金流出量，即在该投资项目上的原始投资，包括在长期资产上的投资和垫支的营运资金。一般情况下，初始阶段的固定资产的原始投资通常在年内一次性投入，如果原始投资不是一次性投入（如在建工程），则应把投资归属于不同的投入年份中。

该阶段的现金流量，一般包括以下内容。

（1）长期资产投资，含更新改造投资，其包括固定资产的购入或建造成本、运输成本、安装成本等。

（2）营运资金垫支，包括在材料、在产品、产成品和现金等流动资产上的投资。由于企业营业规模扩大后，应付账款等结算性流动负债也随之增加，自动补充了一部分日常营运资金的需要，因此，为该投资垫支的营运资金是追加的流动资产扩大量与结算性流动负债扩大量的净差额。

（3）其他投资费用，指与该项目投资有关的职工培训费、谈判费、注册费等。

（4）原有固定资产变现净收入。这主要是指固定资产更新时原有资产变现的净收入，作为投资额的减项。这里需要注意的是，变现收入高于账面价值，将会增加所得税支出，抵减部分现金流入；若变现收入低于账面价值，则会抵减所得税支出，节约部分现金流出，相当于现金流入。

2. 营业期现金流量

营业期现金流量是指投资项目投入使用后，由生产经营带来的现金流入量和现金流出量，这种现金流量一般以年为单位进行计算。现金流入量一般是指营业额或销售额，在进行投资分析时，不必考虑赊销问题。现金流出量主要是指付现的营运成本，指在生产经营期内发生的用现金支付的成本，不包括折旧与摊销等非付现支出。营业现金净流量简称现金净流量（Net Cash Flow,NCF），是指营业期间现金流入量与现金流出量的差额。

现金净流量的计算公式为：

$$现金净流量=现金流入量-现金流出量$$

在考虑所得税因素时，现金净流量的计算有三种方法。

（1）根据现金流量的定义计算。

$$现金净流量=营业收入-付现成本-所得税$$

（2）根据年末营业结果计算。

$$现金净流量=税后净利润+折旧等非付现成本$$

（3）根据所得税对收入和折旧的影响计算。

$$现金净流量=税后净利润+折旧等非付现成本$$
$$=（收入-付现成本-折旧等非付现成本）×$$
$$（1-所得税税率）+折旧等非付现成本$$
$$=税后收入-税后付现成本+折旧等非付现成本×所得税税率$$

一般来说，在实务中第三个公式的应用比较广泛。

3. 终结期现金流量

终结期现金流量是指投资项目终结时所发生的现金流量，主要包括固定资产的变现净收入、固定资产变现净损益对现金净流量的影响和回收的垫支营运资金。

（1）固定资产的变现净收入。

投资项目在终结阶段，原有固定资产将退出生产经营，企业对固定资产进行清理处置，形成固定资产的变现净收入，它是指固定资产出售或报废时的出售价款或残值收入扣除清理费用后的净额。

（2）固定资产变现净损益对现金净流量的影响。

$$固定资产变现净损益对现金净流量的影响=（账面价值-变价净收入）$$
$$×所得税税率$$

账面价值-变价净收入>0，则意味着发生了变现净损失，可以抵税，减少现金流出，增加项目现金净流量。账面价值-变价净收入<0，则意味着发生了变现净收益，应该纳税，增加现金流出，减少项目现金净流量。

以知促行

如果某项固定资产的账面价值为 10 万元，清理变现收入为 12 万元，假设变现收益的所得税当期申报缴纳。在所得税税率为 25%的情况下，该项变现行为给企业带来的变现现金净流量为多少？

变现现金净流量=12-（12-10）×25%=11.5（万元）

（3）回收的垫支营运资金。

伴随着固定资产的出售或报废，投资项目的经济寿命结束，企业将与该项目相关的存货出售、收回应收账款、清偿应付账款，项目开始时垫支的营运资金在项目结束时得到回收。

以知促行

某企业进行一项固定资产投资，在建设起点一次性投入 2 000 万元，无建设期，该项目的生产经营期为 10 年，该固定资产报废时预计残值为 200 万元，生产经营期每年预计净利润为 500 万元。固定资产按直线法计提折旧。计算该项目计算期内各年的净现金流量。

固定资产年折旧费=（2 000-200）÷10=180（万元）

项目计算期=建设期+生产经营期=0+10=10（年）

NCF_0=-2 000（万元）

$NCF_{1\sim9}$=500+180=680（万元）

NCF_{10}=500+180+200=880（万元）

想一想

假设你想买一台挖土机挖土挣钱，与该项目有关的现金流入和流出有哪些？

案例与思考

快餐店的相关现金流量

串串公司是一家著名的专门经营特色小吃的连锁企业，在某市繁华街道 A 上设有一个连锁店，生意非常火爆，常常出现食客排队的现象；而在距离该连锁店所在街道不足 50 米的另一条街道 B 上却没有任何特色小吃店。串串公司投资部投资顾问李响建议，在街道 B 新开设一家连锁店，原因是特色小吃店的食客们在就餐高峰期只需花很短的时间就可从繁华街道 A 走到街道 B，非常便捷，这样就可以增加公司的收入。为证明这一观点，李响经过调查搜集的资料如下。

在街道 B 新开一家连锁店，预计门店租金每年 15 万元，在设备投资、门面装修等方面需要投入资金 200 万元，在原材料购进、工人工资及其他费用等方面每年需付现金 90 万元，还需要增加流动资金 40 万元；预计新连锁店每年收入为 150 万元，但会分流街道 A 连锁店的部分食客，从而导致该连锁店收入每年下降大约 25 万元。新连锁店的生产经营期可达 20 年，期满后固定资产没有残值，垫支的流动资金可以全数收回。公司要求的投资报酬率为 15%。

李响认为，不考虑所得税，在街道 B 上新建连锁店每年会增加净现金流入 50 万元，值得投资。

请思考：你认为李响的分析是否正确？

研判提示：李响的分析是不正确的。公司进行项目投资，必须从公司整体利益的角度出发，而不能站在局部（街道 B 连锁店）利益上。街道 B 连锁店会导致街道 A 连锁店现金流入量减少，只考虑局部利益，而损害整体利益的项目投资违背了大局观念。

任务二　投资决策方法选择

📝 任务描述

熟悉项目投资的评价指标及其优缺点，理解项目投资的决策方法和思路。

📖 相关知识

投资决策，是对各个可行方案进行分析和评价，并从中选择最优方案的过程。投资项目决策的分析评价，需要采用一些专门的评价指标和方法。常用的财务可行性评价指标有净现值、年金净流量、现值指数、内含收益率和回收期等，围绕这些指标进行投资项目财务评价就产生了净现值法、内含收益率法、投资回收期法等评价方法。同时，按照是否考虑了资金时间价值来分类，这些评价指标可以分为静态评价指标和动态评价指标。考虑了资金时间价值因素的称为动态评价指标，没有考虑资金时间价值因素的称为静态评价指标。

一、投资回收期法

投资回收期是指投资项目的未来现金净流量与原始投资额相等时所经历的时间，即原始投资额通过未来现金流量回收所需要的时间。用回收期指标评价方案时，回收期越短越好。

（一）静态投资回收期

静态投资回收期没有考虑资金时间价值，直接用未来现金净流量累计到原始投资数额时所经历的时间作为静态投资回收期。具体计算时，可以分为每年现金净流量相等与不相等两种情况。

1. 未来每年现金净流量相等时

如果某一项目运营期内前若干年每年现金净流量相等，且其合计大于或等于建设期发生的原始投资合计，可按以下公式直接求出静态投资回收期：

$$静态投资回收期（PP）=\frac{原始投资额}{运营期内前若干年每年相等的现金净流量}$$

> **以知促行**
>
> 蓝天矿山机械厂准备购入甲机床。甲机床购价为 35 000 元，投入使用后，每年的现金净流量为 7 000 元。
>
> 要求：计算该投资项目的静态投资回收期。
>
> 静态投资回收期=35 000/7 000=5（年）

2. 未来每年现金净流量不相等时

在这种情况下，应把未来每年的现金净流量逐年加总，根据累计现金净流量来确定回收期。其原理是"累计现金净流量等于零"时，即可算出收回投资额。如果不能找到累计现金净流量等于零对应的年限，则可找到累计现金净流量大于零和小于零所对应的年限，再采用内插法求解。

情境案例

南方公司有一投资项目，需投资 150 000 元，使用年限为 5 年，每年的现金净流量不相等，如表 4-1 所示，资本成本率为 5%。

表 4-1　投资项目累计现金净流量

金额单位：元

年份	现金净流量	累计净流量	净流量现值	累计现值
1	30 000	30 000	28 572	28 572
2	35 000	65 000	31 745	60 317
3	60 000	125 000	51 828	112 145
4	50 000	175 000	41 135	153 280
5	40 000	215 000	31 340	184 620

试计算该投资项目的静态投资回收期。

从表 4-1 的累计现金净流量栏中可见，该投资项目的静态投资回收期在第 3 年与第 4 年之间。为了计算较为准确的静态投资回收期，采用以下方法计算：

$$静态投资回收期 = 3 + \frac{150\,000 - 125\,000}{50\,000} = 3.5（年）$$

运用静态投资回收期法进行决策时，应当先将投资方案的投资回收期与决策者期望的投资回收期进行比较：如果方案的投资回收期小于期望回收期，方案可行；如果方案的投资回收期大于期望回收期，方案不符合企业管理层投资预期。

一般来讲，静态投资回收期至少要小于项目计算期的一半，才具有财务上的可行性。

静态投资回收期法的优点主要如下。

（1）计算简便，容易掌握，易于采用。

（2）在一定程度上反映备选方案的风险程度。一般来讲，投资回收期越短，说明投资方案的风险越小；反之，投资方案的风险则越大。

缺点主要如下。

（1）没有考虑资金时间价值因素。

（2）没有考虑回收期满以后继续发生的现金净流量的变化情况，忽视了投资方案整体生命周期内的获利能力。

（二）动态投资回收期

与静态投资回收期对应，若考虑资金时间价值因素，还可以计算出项目的动态投资回收期。动态投资回收期需要将投资引起的未来现金净流量进行贴现，以未来现金净流量的现值等于原始投资额时所经历的时间为动态投资回收期。其求解原理类似于资金时间价值中已知现值、终值、贴现率等因素求期限，在此不重述。在 Excel 中，可以利用 NPER 函数进行快速求解。

情境案例

浙江东亚药业股份有限公司（以下简称"东亚药业"）再融资推进"原料药+制剂"一体化，新业务投资回收期长达 7 年。

2023 年 3 月 5 日晚间，东亚药业（605177.SH）发布公告称，公司向不特定对象发行可转换公司债券申请获得上海证券交易所受理。头孢唑肟钠中间体产销量同期大幅增长，拉动了东亚药业 2022 年整体业绩水平的提高，并实现上市以来的首次增长。此次募资，东亚药业持续加码头孢类原料及中间体。

另外，东亚药业尝试为产品线"添砖加瓦"，首次向下游制剂端延伸，但新业务的投资回收期长达 7 年。东亚药业相关工作人员对钛媒体 App 表示，其在可行性报告已经完全做了充分论证，同时也有自己固定的客户才进一步扩产。东亚药业预计，该项目建成后稳定运营期可实现年销售收入 17.94 亿元。不过，投资回收期长达 7.24 年。

东亚药业亦提示风险，称本次募集资金投资后公司固定资产和无形资产总额将大幅增加，全部项目建成后预计年折旧、摊销额将大幅增加。如果此次募投项目的市场环境等因素发生变化，导致项目的新增收入不能弥补上述新增资产的折旧或摊销，势必将导致公司未来经营业绩下滑。

二、净现值法

净现值（Net Present Value，NPV）是将投资项目在整个计算期内各个不同时点上产生的现金净流量，按照同一折现率折算的现值，与投资额的现值之间的差额。净现值计算公式为：

净现值=∑生产经营期各年现金净流量的现值−∑投资额的现值

净现值是一个正向指标，该指标越大，说明投资方案给投资者带来的剩余收益越大；该指标越小，则说明投资方案给投资者带来的剩余收益越小；该指标若小于零，则意味着投资方案不能达到投资者预期的投资报酬率。净现值的经济含义是投资方案报酬超过投资者期望报酬后的剩余收益。

采用净现值法决策的标准是：

净现值>0 时，意味着项目实际报酬率将高于期望报酬率，则方案可行；

净现值=0 时，意味着项目实际报酬率将等于期望报酬率，则方案可行；

净现值<0 时，意味着项目实际报酬率将小于期望报酬率，则方案不可行。

以知促行

甲项目的现金流量如表 4-2 所示，折现率为 10%，求该项目的净现值并判断项目的可行性。

表 4-2　甲项目现金流量

金额单位：元

年份	第 0 年	第 1 年	第 2 年	第 3 年	第 4 年	第 5 年
现金流量合计	−700 000	279 000	271 500	264 000	256 500	469 000

甲项目的净现值为：

=469 000×(P/F,10%,5)+256 500×(P/F,10%,4)+264 000×(P/F,10%,3)+271 500×(P/F,10%,2)+279 000×(P/F,10%,1)−700 000

=442 741.30（元）

由于甲项目的净现值大于 0，所以，甲项目可行。

知识拓展

用 NPV 函数计算净现值

在 Excel 中，可以用 NPV 函数根据现金流计算净现值。在单元格中录入"=NPV（10%,B3：B7）+B2"。其中，10% 为资本成本率；B3：B7 为项目投资后产生现金流所在的单元格区域；B2 为项目投资金额，用负号表示，代表资金流出。计算的结果为 442 741.30 万元，如图 4-2 所示。

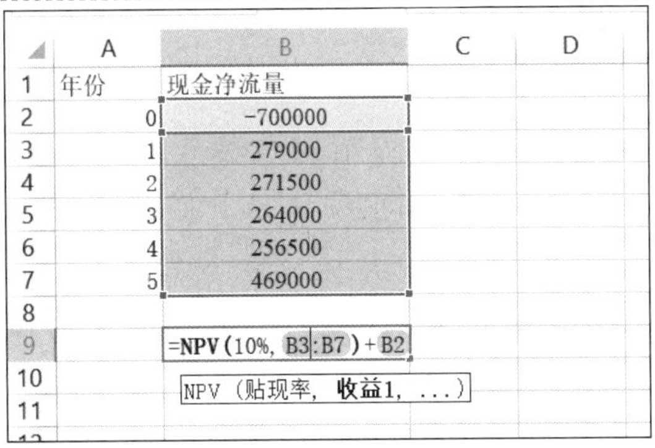

图 4-2　NPV 函数的应用

净现值法的主要优点有：一是考虑了资金的时间价值；二是考虑了项目计算期全部的净现金流量；三是考虑了一定的投资风险。主要缺点是：一是不能直接反映投资项目的实际收益率水平；二是各项目投资额不等时无法确定不同投资方案的优劣。

三、年金净流量法

投资项目的未来现金净流量与原始投资额的差额，构成该项目的现金净流量总额。项目期间内全部现金净流量总额的现值或终值折算为等额年金的平均现金净流量，称为年金净流量（Annual Net Cash Flow,ANCF）。年金净流量的计算公式为：

$$年金净流量 = \frac{现金净流量总现值}{年金现值系数} = \frac{现金净流量总终值}{年金终值系数}$$

式中，现金净流量总现值即为 NPV。与净现值指标一样，年金净流量指标大于零，说明每年平均的现金流入能抵补现金流出，投资项目的净现值（或净终值）大于零，方案的收益率大于所要求的收益率，方案可行。在比较两个以上寿命期不同的投资方案时，年金净流量越大，方案越好。

以知促行

某投资项目需要在第一年年初投资 840 万元，寿命期为 10 年，每年可带来现金净流量 180 万元，已知按照必要收益率计算的 10 年期年金现值系数为 7，计算该投资项目的年金净流量。

年金净流量=净现值/年金现值系数 = [180×（$P/A,i,10$）-840]/（$P/A,i,10$）=（180×7-840）/7 = 60（万元）

四、现值指数法

如果不同的项目投资方案的初始投资额不相同，那么，就不能直接根据净现值的大小判断投资方案的优劣。为了筛选出最符合投资者投资预期的方案，可以采用现值指数法。

现值指数（Profitability Index，PI）是指投资项目未来现金流入量的现值与未来现金流出量的现值之比。其计算公式如下：

现值指数=投产后各年净现金流量的现值合计÷原始投资的现值

利用该指标进行投资项目决策的标准是：如果投资方案的现值指数大于或等于1，该方案为符合投资者预期的可行方案；如果现值指数小于1，则方案不可行；若存在几个互斥方案，则现值指数大于1且获利指数最大的投资项目为优。

以知促行

表 4-3 为北方公司不同投资项目的比较，A、B 两个项目的净现值都大于零，按照净现值的评价原理，两个项目都符合投资者的投资预期。但是，如果公司只能在两个项目中选择一个项目进行投资，该如何进行决策？

表 4-3　不同投资项目的比较

金额单位：万元

年份	复利现值系数	A项目				B项目			
		净利润	折旧	现金流量	现值	净利润	折旧	现金流量	现值
0	1			（25 000）	（25 000）			（15 000）	（15 000）
1	0.909 1	（1 000）	8 000	7 000	6 363.70	1 000	5 000	6 000	5 454.60
2	0.826 4	2 000	8 000	10 000	8 264	1 500	5 000	6 500	5 371.60
3	0.751 3	6 000	8 000	14 000	10 518.20	1 600	5 000	6 600	4 958.58
三年现金流入现值合计					25 145.90				15 784.78
现值指数					1.01				1.05
净现值					145.90				784.78

A 项目的现值指数为 1.01，表示投资于 A 项目的 1 元投资取得 1.01 元的现金流入。B 项目的现值指数为 1.05，表示投资于 B 项目的 1 元投资取得 1.05 元的现金流入。所以，B 项目的投资资金效率更高。

现值指数可以反映出项目的资金投入与净产出之间的关系，便于不同投资方案的比较。但是，它无法直接反映投资项目的实际收益率。

课堂小测试

（单选题）某项目的现金净流量数据如下：$NCF = -100$ 万元，$NCF_1 = 0$，$NCF_{2\sim10} = 30$ 万元；假定项目的基准折现率为 10%。则该项目的现值指数为（　　　）。

A. 1.57　　　　B. 0.57　　　　C. −1.57　　　　D. −0.57

五、内含收益率法

如果需要反映投资项目的实际收益率，我们可以通过内含收益率的计算来实现。

内含收益率（Internal Rate of Return，IRR），即项目投资实际可望达到的收益率。实质上，它是使项目的净现值等于零时的折现率，即

$$\sum NCF_n \times (P/F, IRR, n) = 0$$

在实际计算过程中，若项目投产后的各期现金净流量不相等，则需要采用逐次测试法测试出使项目净现值等于零时的 IRR。若不能直接找到使项目净现值等于零的 IRR，则再采用内插法计算出 IRR。

以知促行

A 投资项目的现金净流量如表 4-4 所示。如果该项目的资金成本率为 10%，试用内含收益率法判断该项目投资的可行性。

表 4-4　A 投资项目的现金净流量

金额单位：万元

年份	0	1	2	3	4	5
NCF	−180	70	70	70	70	70

从表4-4可知，各年的营业期现金净流量均相等，可以采用简化方法计算该项目的内含收益率。

$(P/A,\text{IRR},5)=180\div70=2.571\ 4$

查表得：

当 $i_1=24\%$ 时，$(P/A,24\%,5)=2.745\ 4$；当 $i_2=28\%$ 时，$(P/A,28\%,5)=2.532\ 0$。则：

$$\text{IRR}=24\%+\frac{2.745\ 4-2.571\ 4}{2.745\ 4-2.532\ 0}\times(28\%-24\%)=27.26\%$$

通过计算可知，IRR=27.26%＞10%，故该投资项目可行。

想一想

当净现值大于或等于0，现值指数大于或等于1，内含收益率大于或等于项目投资要求的必要报酬率时，项目投资才是可行的。思考：对于同一项目，这三种指标是否有内在一致性？

知识拓展

用 IRR 函数计算内含收益率

在 Excel 中，可以用 IRR 函数根据现金流计算内含收益率。在单元格中录入"=IRR（B2:B7）"，其中，B2:B7 为项目现金流所在的单元格区域，资金流出用负号表示。计算的结果为 27.26%，如图4-3所示。

	A	B	C	D
1	年份	现金净流量		
2	0	-180		
3	1	70		
4	2	70		
5	3	70		
6	4	70		
7	5	70		
8				
9		=IRR（B2:B7）		
10		IRR（现金流，[预估值]）		
11				

图 4-3　IRR 函数的应用

六、项目投资决策应用

（一）独立投资方案的决策

独立投资方案，是指两个或两个以上项目互不依赖，可以同时存在，各方案的决策也是独立的。独立投资方案的决策属于筛分决策，评价各方案本身是否可行，即方案本身是否达到某种要求的可行性标准。独立投资方案之间比较时，决策要解决的问题是如何确定各种可行方案的投资顺序，即各独立方案之间的优先次序。排序分析时，以各独立方案的获利程度作为评价标准，一般采用内含收益率法进行比较决策。

想一想

在你周围的经济生活中，哪些属于独立投资方案？

情境案例

海化公司有足够的资金准备投资于三个独立投资项目。A 项目原始投资额 10 000 元，期限 5 年；B 项目原始投资额 18 000 元，期限 5 年；C 项目原始投资额 18 000 元，期限 8 年。贴现率为 10%，其他有关资料如表 4-5 所示。请思考：该公司该如何安排投资顺序？

表 4-5 独立投资方案的可行性指标

金额单位：元

项目	A 项目	B 项目	C 项目
原始投资额	（10 000）	（18 000）	（18 000）
每年现金净流量（NCF）	4 000	6 500	5 000
期限/年	5	5	8
净现值（NPV）	5 164	6 642	8 675
现值指数（PI）	1.52	1.37	1.48
内含收益率（IRR）/%	28.68	23.61	22.28
年金净流量（ANCF）	1 362	1 752	1 626

财务管理基础

将上述三个项目的各种决策指标加以对比，如表4-6所示。

表4-6　独立投资方案的比较决策

净现值（NPV）	C>B>A
现值指数（PI）	A>C>B
内含收益率（IRR）	A>B>C
年金净流量（ANCF）	B>C>A

从表4-6可得出以下结论。

（1）A项目与B项目比较：两项目原始投资额不同但期限相同，尽管B项目净现值和年金净流量均大于A项目，但B项目原始投资额高，获利程度低。因此，应优先安排内含收益率和现值指数较高的A项目。

（2）B项目与C项目比较：两项目原始投资额相等但期限不同，尽管C项目净现值和现值指数高，但它需要经历8年才能获得。B项目5年后，所收回的投资可以进一步投资于其他后续项目。因此，应该优先安排内含收益率和年金净流量较高的B项目。

（3）A项目与C项目比较：两项目的原始投资额和期限都不相同，A项目内含收益率较高，但净现值和年金净流量都较低。C项目净现值高，但期限长；C项目年金净流量也较高，但它是依靠较大的投资额取得的。因此，从获利程度的角度来看，投资A项目是优先方案。

综上所述，在独立投资方案比较决策时，内含收益率指标综合反映了各方案的获利程度，在各种情况下的决策结论都是正确的。本例中，应该按A、B、C顺序实施投资。现值指数指标也反映了方案的获利程度，除了期限不同的情况外，其结论也是正确的。但在项目的原始投资额相同而期限不同的情况下（如B项目和C项目的比较），现值指数实质上就是净现值的表达形式。至于净现值指标和年金净流量指标，它们反映的是各方案的获利数额，要结合内含收益率指标进行决策。

（二）互斥投资方案的决策

互斥投资方案，即方案之间互相排斥，不能并存，因此决策的实质在于选择最优方案，属于选择决策。选择决策要解决的问题是应该淘汰哪个方案，即选择最优方案。从经济效益最大的要求出发，互斥决策以方案的获利数额作为评价标准。因此，一般采用净现值法和年金净流量法进行选优决策。但由于净现值指标受投资项目寿命期的影响，因而年金净流量法是互斥投资方案最恰当的决策方法。

1. 项目的寿命期相等时

不论方案的原始投资额大小如何，能够获得更大的利益数额即净现值的，即为最优方案。

以知促行

某个固定资产投资项目需要原始投资 1 500 万元，有 A、B、C、D 四个互相排斥的备选方案可供选择，各方案的净现值指标分别为 320.89 万元、411.72 万元、520.60 万元和 456.26 万元。请比较各方案的优劣。

此案例用净现值法进行各方案的优劣比较，可通过以下步骤完成。

（1）因为 A、B、C、D 每个备选方案的净现值均大于零，所以这些方案均具备财务可行性。

（2）因为 520.60>456.26>411.72>320.89，所以 C 方案最优，其次为 D 方案，再次为 B 方案，最差的为 A 方案。

2. 项目的寿命期不相等时

（1）共同年限法。按照持续经营假设，寿命期短的项目，收回的投资将重新进行投资。针对各项目寿命期不等的情况，可以找出各项目寿命期的最小公倍数，作为共同的有效寿命期。原理为假设投资项目在终止时进行重置，通过重置使两个项目达到相等的寿命年限，然后应用项目寿命期相等时的决策方法进行比较，即比较两者的净现值大小。

（2）年金净流量法。用某方案的净现值除以对应的年金现值系数，当两个项目资本成本相同时，优先选取年金净流量较大者；当两个项目资本成本不同时，还需进一步计算永续净现值，即用年金净流量除以各自对应的资本成本。

以知促行

海化公司要购买机床，现有甲、乙两个机床购置方案，所要求的最低投资收益率为 10%。甲机床投资额 10 000 元，可用 2 年，无残值，每年产生 8 000 元现金净流量。乙机床投资额 20 000 元，可用 3 年，无残值，每年产生10 000元现金净流量。请帮海化公司做出投资决策。两个方案的相关评价指标如表4-7所示。

表4-7 两个方案的评价指标

金额单位：元

项目	甲机床	乙机床
净现值（NPV）	3 888	4 870
年金净流量（ANCF）	2 238	1 958
内含收益率（IRR）/%	38	23.39

方法一：共同年限法。

按两个方案期限的最小公倍数（6）测算，甲方案经历了3次投资循环，乙方案经历了2次投资循环。各方案的相关评价指标如下。

（1）甲方案。

净现值=8 000×4.355 3-10 000×0.683 0-10 000×0.826 4-10 000=9 748（元）

（2）乙方案。

净现值=10 000×4.355 3-20 000×0.751 3-20 000=8 527（元）

上述计算说明，延长寿命期后，两个方案投资期限相等，甲方案的净现值9 748元高于乙方案的净现值8 527元，故甲方案优于乙方案。

方法二：年金净流量法。

（1）甲方案。

年金净流量=2 238元

（2）乙方案。

年金净流量=1 958元

从表4-7中数据可得甲方案的年金净流量2 238元高于乙方案的年金净流量1 958元，因此甲方案优于乙方案。

至于内含收益率指标，可以测算出：当 $i=38\%$ 时，甲方案净现值=0；当 $i=23.39\%$ 时，乙方案净现值=0。这说明，只要方案的现金流量状态不变，按公倍数年限延长寿命后，方案的内含收益率并不会变化。

同样，只要方案的现金流量状态不变，按最小公倍数年限延长寿命后，方案的年金净流量指标也不会改变。甲方案仍为2 238元（9 748/4.355 3），乙方案仍为1 958元（8 527/4.355 3）。寿命期不同的项目，换算为最小公倍数年限比较麻烦，而按各方案本身期限计算的年金净流量与换算最小公倍数期限后的结果一致。因此，实务中对期限不等的互斥方案比较，无须换算寿命期限，直接按原始期限的年金净流量指标决策。

综上所述，互斥投资方案的选优决策中，年金净流量全面反映了各方案的获利数额，是最佳的决策指标。净现值指标在寿命期不同的情况下，需要按各方案最小公倍数期限调整计算，在其余情况下的决策结论也是正确的。因此，在互斥投资方案决策的方法选择上，项目寿命期相同时可采用净现值法，项目寿命期不同时主要采用年金净流量法。

项目小结

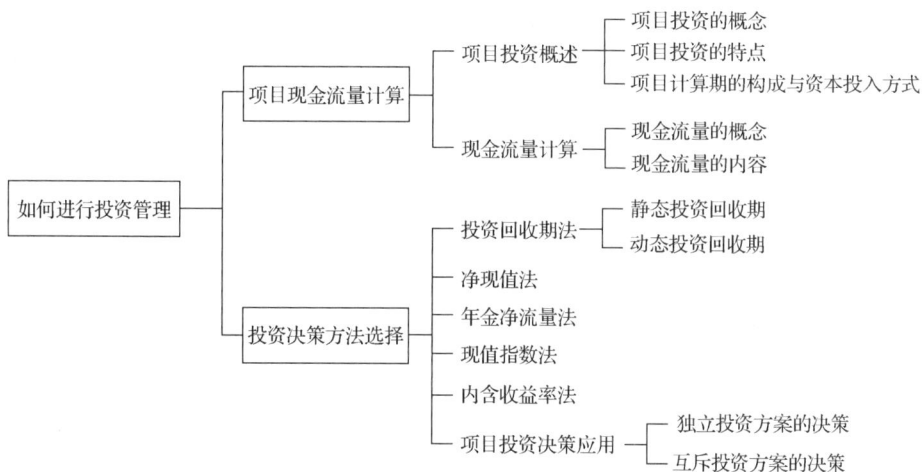

技能训练

一、单项选择题

1. 某投资方案每年营业收入为 1 000 000 元，付现成本为 300 000 元，折旧额为 10 000 元，所得税税率为 25%，则该投资方案每年现金净流量为（　　）元。

　　A. 535 000　　B. 460 000　　　C. 520 000　　　D. 527 500

2. 当一个投资项目的净现值大于 0 时，下列各项中表述错误的是（　　）。

A. 现值指数大于 1

B. 动态投资回收期短于项目寿命期

C. 年金净流量大于 0

D. 内含收益率小于设定的贴现率

3. 某公司计划购置一台设备,以扩充生产能力,需要投资 100 万元,税法规定折旧年限为 10 年,残值为 10 万元,采用直线法计提折旧。该项投资预计可以持续 6 年,6 年后预计残值为 50 万元,所得税税率为 25%。预计每年产生现金净流量 32 万元,假设折现率为 10%,则该项目年金净流量为（　　　）万元。[已知:（P/F,10%,6）=0.564 5,（P/A,10%,6）=4.355 3]

  A. 18   B. 15.39   C. 17.52   D. 13.65

4. 某公司计划增添一条生产流水线,以扩充生产能力,需要投资 100 万元,税法规定折旧年限为 10 年,残值为 10 万元,采用直线法计提折旧。该项投资预计可以持续 6 年,6 年后预计残值为 40 万元,所得税税率为 25%。该生产线预计每年产生营业收入 60 万元、付现成本 20 万元,假设折现率为 10%,则该项目现值指数为（　　　）。[已知:（P/F,10%,6）=0.564 5,（P/A,10%,6）=4.355 3]

  A. 1.25   B. 1.1   C. 1.64   D. 1.93

5. 某项目需要在第一年年初购买 300 万元的设备,同年年末垫支 60 万元的营运资金,建设期为 1 年,设备无残值。经营期为 7 年,即第 2～8 年每年有现金净流量 70 万元。已知（P/A,8%,7）=5.206 4,（P/A,9%,7）=5.033 0,（P/F,8%,1）=0.925 9,（P/F,8%,8）=0.540 3,（P/F,9%,1）=0.917 4,（P/F,9%,8）=0.501 9。若公司根据内含收益率法认定该项目具有可行性,则该项目的内含收益率为（　　　）。

  A. 8.89% B. 9.76%   C. 8.63%   D. 9.63%

6. 与动态投资回收期相比,静态投资回收期的缺点是（　　　）。

A. 没有考虑资金时间价值

B. 没有考虑回收期以后的现金流量

C. 没有考虑项目所冒的风险

D. 没有考虑项目的盈利性

7. 某企业计划投资一个项目,原始投资额为 100 万元,在建设起点一次性投入,税法规定的折旧年限为 10 年,按直线法计提折旧,无残值。项目寿命期为 10 年,预计项目每年可获净利润 15 万元,投资者要求的最低收益率为 8%。则该项目动态投资回收期为（　　　）年。[已知:（P/A,8%,5）

=3.992 7,（P/A,8%,6）=4.622 9]

  A. 3   B. 6.3   C. 4   D. 5.01

  8. A 投资方案的内含收益率为 12%，假设该方案的最低投资收益率为 10%，据此可以判断，下列结论错误的是（ ）。

    A. 该投资方案可行

    B. 该投资方案的净现值大于 0

    C. 该投资方案的现值指数大于 1

    D. 该投资方案的收入小于成本

  9. 对于期限不同的互斥投资方案，应选择的评价指标是（ ）。

    A. 净现值   B. 现值指数

    C. 年金净流量   D. 内含收益率

  10. 甲公司目前有足够的资金准备投资于三个独立投资项目，贴现率为 10%，其他有关资料如表 4-8 所示。

表 4-8　有关资料

项目	A 项目	B 项目	C 项目
原始投资额/万元	100	180	130
每年 NCF/万元	40	60	50
期限/年	5	5	5

  甲公司的投资顺序是（ ）。

    A. A、B、C   B. B、A、C

    C. A、C、B   D. B、C、A

二、多项选择题

  1. 在考虑所得税的情况下，下列计算现金净流量的公式中，正确的有（ ）。

    A. 现金净流量=营业收入-付现成本-所得税

    B. 现金净流量=税后营业利润+非付现成本

    C. 现金净流量=营业收入×（1-所得税税率）-付现成本×（1-所得税税率）+非付现成本×所得税税率

    D. 现金净流量=营业收入+付现成本×所得税税率

  2. 采用净现值法进行项目评价简便易行，下列各项中属于净现值法主要优点的有（ ）。

A. 适用性强

B. 能灵活地考虑投资风险

C. 所采用的贴现率容易确定

D. 可以直接反映投资方案实际可能达到的投资报酬率

3. 已知 A、B 两个寿命期相同的独立投资方案，方案 A 的原始投资额现值为 30 000 元，未来现金净流量现值为 31 500 元，净现值为 1 500 元；方案 B 的原始投资额现值为 3 000 元，未来现金净流量现值为 4 200 元，净现值为 1 200 元。则下列说法正确的有（   ）。

A. 应当采用净现值法进行比较

B. 应当采用现值指数法进行比较

C. A 方案优于 B 方案

D. B 方案优于 A 方案

4. 下列评价指标的计算与项目事先给定的折现率有关的有（   ）。

A. 内含收益率   B. 净现值

C. 现值指数   D. 静态投资回收期

5. 下列关于静态投资回收期的计算中，正确的有（   ）。

A. （$P/A,i,n$）=原始投资额现值/每年现金净流量

B. 静态投资回收期=原始投资额/每年现金净流量

C. 静态投资回收期=M+第 M 年的尚未回收额/第（$M+1$）年的现金净流量

D. 静态投资回收期=M+第 M 年的尚未回收额的现值/第（$M+1$）年的现金净流量的现值

6. 下列各项关于独立投资方案决策的表述中，正确的有（   ）。

A. 两项目原始投资额不同但期限相同，现值指数较高的项目更好

B. 两项目原始投资额不同但期限相同，内含收益率较高的项目更好

C. 两项目原始投资额相同但期限不同，年金净流量较高的项目更好

D. 两项目的原始投资额和期限都不相同，内含收益率较高的项目更好

7. 下列方法中，可以用于项目寿命期不同的互斥投资方案决策的有（   ）。

A. 共同年限法   B. 净现值法

C. 内含收益率法   D. 年金净流量法

三、判断题

1. 年金净流量法是净现值法的辅助方法，在各方案原始投资额现值相同时，实质上就是净现值法。　　　　　　　　　　　　　　　（　　）

2. 如果各方案的原始投资额现值不相等，对于独立投资方案，采用净现值法有时无法做出正确决策。　　　　　　　　　　　　　　（　　）

3. 现值指数是未来现金净流量现值与原始投资额现值之比，是一个相对数指标，反映了投资效益。　　　　　　　　　　　　　　　（　　）

4. 静态投资回收期和动态投资回收期共同的优点是它们的计算都考虑了全部未来现金净流量。　　　　　　　　　　　　　　　　（　　）

5. 独立投资方案之间排序分析时，以各独立方案的获利数额作为评价标准，一般采用年金净流量进行比较决策。　　　　　　　　　（　　）

6. 互斥投资方案的选优决策中，年金净流量全面反映了各方案的获利数额，是最佳的决策指标。净现值指标在寿命期不同的情况下，需要按各方案最小公倍期限调整计算，在其余情况下的决策结论也是正确的。
　　　　　　　　　　　　　　　　　　　　　　　　　　（　　）

7. 独立投资方案的决策，投资人更注重效益指标；互斥投资方案的决策，投资人更注重效率指标。　　　　　　　　　　　　　（　　）

四、计算分析题

1. 甲公司正在考虑投资一项目，目前有 A、B 两个投资方案可供选择。A 方案一开始需一次性投入 300 万元，共可使用 6 年（与税法规定的折旧年限相同），残值率为 5%，按直线法计提折旧，每年可获得税前营业利润 150 万元；B 方案一开始需投入 400 万元、第二年年末需投入 10 万元，前两年无收入，第三年可获得税后营业利润 100 万元，之后每年增加 10%，营业期限 5 年（与税法规定的折旧年限相同），期末无残值，按直线法计提折旧。甲公司要求的最低必要收益率为 10%，适用的所得税税率为 25%。（计算结果保留两位小数）

部分时间价值系数如表 4-9 所示。

表 4-9　时间价值系数

n	2	3	4	5	6	7
（P/A,10%,n）	1.735 5	2.486 9	3.169 9	3.790 8	4.355 3	4.868 4
（P/F,10%,n）	0.826 4	0.751 3	0.683 0	0.620 9	0.564 5	0.513 2

要求：

（1）计算 A、B 两个投资方案各年的现金净流量；

（2）计算 A、B 两个投资方案各自的净现值；

（3）比较 A、B 两个投资方案，并判断甲公司应选择哪个投资方案。

2. 某企业计划开发一个新项目，该项目的寿命期为 5 年（与税法规定的使用年限一致），需投资固定资产 120 000 元，需垫支营运资金 100 000 元，5 年后可收回固定资产残值 15 000 元（与税法规定净残值一致），用直线法计提折旧。投产后，预计每年的销售收入可达 120 000 元，相关的直接材料和直接人工等变动成本为 64 000 元，每年的设备维修费为 5 000 元。该企业要求的最低投资收益率为 10%，适用的所得税税率为 25%。[已知：（$P/A,10\%,4$）=3.169 9，（$P/A,12\%,4$）=3.037 3，（$P/A,14\%,4$）=2.913 7，（$P/F,10\%,5$）=0.620 9，（$P/F,12\%,5$）=0.567 4，（$P/F,14\%,5$）=0.519 4]

要求：

（1）计算净现值，并据此对是否开发该项目做出决策；

（2）计算现值指数，并据此对是否开发该项目进行决策；

（3）计算内含收益率，并据此对是否开发该项目做出决策；

（4）根据上面的决策结果，说明对于单一项目决策，应该选择哪一种指标作为决策依据。

3. 在甲公司的投资计划中，有两个备选方案：X 方案原始投资额 10 万元，期限 4 年，预计未来每年现金净流量为 33 万元；Y 方案原始投资额 120 万元，期限 3 年，预计未来每年现金净流量为 51 万元。假设两个方案要求的最低投资收益率均为 10%，并以此作为贴现率。相关时间价值系数如表 4-10 所示。

表 4-10　时间价值系数

n	（$P/A,10\%,n$）	（$P/A,12\%,n$）	（$P/A,13\%,n$）	（$P/A,14\%,n$）
n=3	2.486 9	2.401 8	2.361 2	2.321 6
n=4	3.169 9	3.037 3	2.974 5	2.913 7

要求：

（1）假设甲公司有足够的资金投资于两个独立投资项目，请为甲公司做出投资优先顺序的决策；

（2）假设这两个投资项目互斥，只能任选其一，请为甲公司做出投资决策。

项目五

如何进行营运资金管理

学习目标

知识目标

1. 熟悉营运资金的含义、特点及管理原则。
2. 熟悉持有现金的动机、成本。
3. 掌握最佳现金持有量的确定方法。
4. 掌握应收账款的成本和信用政策的决策方法。
5. 掌握存货的成本和经济订货批量的确定方法。

能力目标

1. 能根据企业相关资料，预测最佳现金持有量。
2. 能根据企业客观状况，进行信用政策决策。
3. 能根据企业相关资料，确定存货经济订货批量。
4. 具备为企业流动资产和流动负债的管理提供合理化建议和措施的能力。

素养目标

1. 了解国家发展战略与行业发展趋势，理解企业发展应与国家发展战略紧密结合。
2. 了解我国制造业的快速发展和目前面临的技术瓶颈，激发爱国之情、奋斗之志。
3. 结合职业特征，培养爱岗敬业、诚实守信、廉洁自律、依法办事、客观公正、保守秘密的职业道德素养。

案例导航

佛山市海天调味食品股份有限公司（以下简称"海天味业"）是国内一家集研发、生产、销售为一体的调味品企业，起源于清乾隆年间的佛山酱园，至今已有近 300 年的历史。1994 年海天味业进行了股份制和私有化改造，成为全球最大的专业调味品生产和营销企业之一。2010 年 12 月，佛山市海天调味食品有限公司改制为佛山市海天调味食品股份有限公司。2014 年 2 月 11 日，海天味业在上海证券交易所主板挂牌上市。

海天味业 2014—2016 年的营业收入分别为 98.2 亿元、113 亿元、125 亿元，营业收入增长率分别为 16.85%、15.07%和 10.62%。2017 年海天味业实现营业收入 146 亿元，同比增长 16.8%，净利润总额为 35.3 亿元，同比增长 24.21%；经营活动产生的现金流量净额为 47.2 亿元，同比上涨 15.97%；预收账款总额为 26.8 亿元，同比上涨 48.06%。海天味业通过加强营运资金管理，提升了企业的市场竞争力，持续性地进行营销渠道的扩张，促进了经营活动中营运资金管理绩效的明显提升。

【思考】

什么是营运资金？如何加强营运资金管理？

任务一　营运资金管理认知

任务描述

了解营运资金的含义和特点，熟悉营运资金管理的原则。

相关知识

一、营运资金的含义

营运资金是指在企业生产经营活动中流动资产占用的资金。营运资金有广义和狭义之分。广义的营运资金是指一个企业流动资产的总额，狭义的营运资金是指流动资产减去流动负债后的余额。这里指的是狭义的营运资金，用公式表示为：

$$营运资金总额=流动资产总额-流动负债总额$$

因此，营运资金的管理既包括流动资产的管理，也包括流动负债的管理。

企业为了从事生产经营活动，必须拥有一定数量的营运资金，以备支付材料款、偿还到期债务和当期费用之需。过低的营运资金将使企业陷入财务危机，而过高的营运资金又会造成企业资金上的浪费。财务管理要求企业的营运资金应保持在一个较为合理的水平上。

情境案例

香港航天科技向麦格理银行发行 8 亿港元可换股票据，补充营运资金 2023 年 5 月 12 日，港股首家商业航天企业香港航天科技（1725.HK）发布公告称，集团拟向机构投资者麦格理银行有限公司发行本金金额为 8 亿港元的 0.5 厘票息可换股票据。

据公告，认购价为可换股票据本金金额的 98%，于 2023 年 12 月 31 日到期或可由票据持有人及公司相互协定延长至截止日期首个周年日当日。假设换股日期为本公告日期，换股价（即股份于紧接换股日期前的交易日在联交所买卖的成交量加权平均价的 95%）约为 9.51 港元，而票据持有人有权于可换股票据所附换股权获悉数行使后认购约 8 412.2 万股换股股份。

以此算，如果最终换成该集团的股份，那么后者将拥有集团最多 27.97% 的股份，可见这一份融资规模相对集团来说是较为重大的一次举动。

而这一份高达 8 亿港元的超低息融资，也将为香港航天科技加速推进商业航天事业提供非常大的助力。

二、营运资金的特点

为了有效地管理企业的营运资金，必须研究营运资金的特点，以便有针对性地进行管理。营运资金一般具有如下特点。

（一）来源具有多样性

企业筹集长期资金的方式一般较少，只有吸收直接投资、发行股票、发行债券等方式。与筹集长期资金的方式相比，企业筹集营运资金的方式较为灵活多样，通常有银行短期借款、短期融资券、商业信用、预收货款、票据贴现、应付股利等多种内外部融资方式。

（二）数量具有波动性

流动资产的数量会随企业内外条件的变化而变化，时高时低，波动较大。季节性企业如此，非季节性企业也如此。随着流动资产数量的变动，流动负债的数量也会相应发生变动，从而形成营运资金占用额的波动。

（三）周转具有短期性

企业占用在流动资产上的资金，通常会在一年或一个营业周期内收回。根据这一特点，营运资金可以用商业信用、银行短期借款等短期筹资方式来加以解决。

（四）实物形态具有变动性和易变现性

企业营运资金的占用形态是经常变化的，它的每次循环都要经过采购、生产、销售等过程，一般按照现金、原材料、在产品、产成品、应收账款、现金的顺序转化。为此，在进行流动资产管理时，必须在各项流动资产上合理配置资金数额，做到结构合理，以促进资金周转顺利进行。此外，交易性金融资产、应收账款、存货等流动资产一般具有较强的变现能力。当企业资金周转不灵时，便可迅速变卖这些资产，以获取现金。

三、营运资金管理的原则

（一）保证合理的资金需求

营运资金的管理必须把满足正常合理的资金需求作为首要任务。一般情况下，当企业产销两旺时，流动资产会不断增加，流动负债也会相应增加；而当企业产销量不断减少时，流动资产和流动负债也会相应减少。因此，企业财务人员应认真分析生产经营状况，采用一定的方法准确预测营运资金的需要量。

（二）提高资金使用效率

加速资金周转是提高资金使用效率的主要手段之一。企业应千方百计地加速存货、应收账款等流动资产的周转，为企业取得更好的经济效益提供条件。

（三）节约资金使用成本

要在保证生产经营需要的前提下，遵守勤俭节约的原则，尽力降低资金使用成本。一方面，要挖掘资金潜力，加速资金周转，精打细算地使用资金；另一方面，要积极拓展融资渠道，合理配置资源，筹措低成本资金，服务于生产经营。

（四）保持足够的短期偿债能力

合理安排流动资产和流动负债的比例关系，保持流动资产结构与流动负债结构的适配性，保证企业有足够的短期偿债能力是营运资金管理的重要原则之一。如果一个企业的流动资产比较多，流动负债比较少，说明企业的短期偿债能力较强；反之，如果一个企业的流动资产比较少，流动负债比较多，则说明企业的短期偿债能力较弱。但如果企业的流动资产太多，流动负债太少，也不是正常现象，这可能是流动资产闲置或流动负债利用不足所致。

知识拓展

营运资金管理就是流动资产和流动负债的管理。由于流动资产的变现期限和流动负债的偿还期限大致相当，在营运资金管理中，把流动资产占用的资金视同来源于流动负债。

课堂小测试

（多选题）下列关于营运资金管理原则的说法中，正确的有(　　　　)。

A. 营运资金的管理必须把满足正常合理的资金需求作为首要任务

B. 加速资金周转是提高资金使用效率的主要手段之一

C. 要节约资金使用成本

D. 合理安排资产与负债的比例关系，保证企业有足够的长期偿债能力是营运资金管理的重要原则之一

任务二 现金管理

任务描述

熟悉持有现金的动机、成本，掌握最佳现金持有量的确定方法。

相关知识

一、持有现金的动机和成本

现金是流动性最强的资产，现金的管理过程就是在现金流动性与收益性之间进行权衡的过程。现金有广义、狭义之分。广义的现金是指在生产经营过程中以货币形态存在的资金，包括库存现金、银行存款和其他货币资金等。狭义的现金仅指库存现金。这里所讲的现金是指广义的现金。

（一）持有现金的动机

企业持有一定数量的现金，主要有三个方面的需求，具体如表 5-1 所示。

表 5-1　持有现金的动机

动机	内容
交易性需求	为了维持日常周转及正常商业活动所需持有的现金额
预防性需求	企业需要维持一定量的现金，以应付突发事件。企业需掌握的现金额取决于企业愿冒现金短缺风险的程度、企业预测现金收支可靠的程度、企业临时融资的能力
投机性需求	企业持有一定量的现金以抓住突然出现的获利机会。这种机会大都是一闪即逝的，企业若没有用于投机的现金，就会错过这一机会

知识拓展

　　企业的现金持有量一般小于三种需求下的现金持有量之和，因为为某一需求持有的现金可以用于满足其他需求。

（二）持有现金的成本

　　持有现金的成本是指企业持有现金付出的各种代价，包括机会成本、管理成本、转换成本、短缺成本等。

1.　机会成本

　　机会成本是指企业因持有现金而丧失的再投资收益，一般可用企业投资收益率来表示。机会成本与现金持有量呈正相关关系，即持有现金越多，机会成本越高。

情境案例

　　南海公司年均持有现金120万元，为了满足公司的正常营运资金需求，该公司放弃了年利率为4.80%的公司债的投资机会。请计算该公司持有现金的年机会成本。

　　南海公司每年持有现金的机会成本=120×4.80%= 5.76（万元）

2.　管理成本

　　管理成本是指企业为管理现金而发生的管理费用，如管理人员工资和安全措施费等。管理成本具有固定成本的性质，它与现金持有量之间无明显的比例关系。

3.　转换成本

　　转换成本是指现金与有价证券转换过程中所发生的固定成本，如经纪人佣金、税金和其他管理成本等。转换成本一般只与交易的次数有关，而与现金持有量的多少无关。

4.　短缺成本

　　短缺成本是指企业因现金短缺而遭受的损失，如不能按时支付购料款而造成的信用损失，以及不能按期缴纳税款而被罚缴的滞纳金等。短缺成本随现金持有量的增加而下降，即与现金持有量呈负相关关系。

二、最佳现金持有量的确定

确定最佳现金持有量的模式主要有成本分析模式和存货模式。

（一）成本分析模式

成本分析模式是根据企业持有现金的机会成本、管理成本和短缺成本来确定最佳现金持有量的一种方法。成本分析模式的计算公式为：

现金总成本=机会成本+管理成本+短缺成本

成本分析模式通过对机会成本、管理成本和短缺成本进行分析，找出三种成本之和最低点时的现金持有量，此时的现金持有量就是最佳现金持有量。总成本、机会成本、管理成本、短缺成本和现金持有量之间的关系如图 5-1 所示。

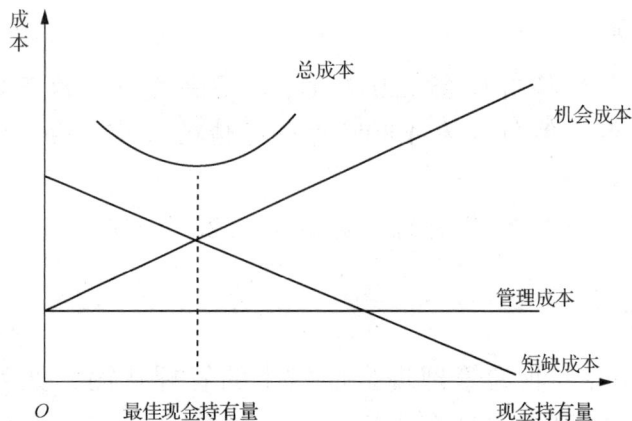

图 5-1　成本分析模式示意图

从图 5-1 可以看出，各项成本同现金持有量的变动关系不同，使得总成本曲线呈抛物线形，抛物线的最低点所对应的现金持有量便是最佳现金持有量，此时总成本最低。

在实际工作中，运用成本分析模型确定最佳现金持有量的步骤如下：

（1）根据不同现金持有量方案测算并确定有关成本数值；

（2）按照不同现金持有量及其有关成本资料编制最佳现金持有量测算表；

（3）在测算表中找出总成本最低时的现金持有量，即最佳现金持有量。

以知促行

海化公司现有 A、B、C、D 四种现金持有方案，有关成本资料见表 5-2。请采用成本分析模式帮海化公司确定最佳现金持有量。

表 5-2　海化公司成本资料

金额单位：元

项目	A	B	C	D
平均现金持有量	35 000	40 000	45 000	50 000
机会成本率	10%	10%	10%	10%
机会成本	3 500	4 000	4 500	5 000
管理成本	20 000	20 000	20 000	20 000
短缺成本	12 000	6 750	2 500	0

根据表 5-2，采用成本分析模式编制该公司的最佳现金持有量测算表，具体内容见表 5-3。

表 5-3　最佳现金持有量测算表

金额单位：元

项目	A	B	C	D
平均现金持有量	35 000	40 000	45 000	50 000
机会成本率	10%	10%	10%	10%
机会成本	3 500	4 000	4 500	5 000
管理成本	20 000	20 000	20 000	20 000
短缺成本	12 000	6 750	2 500	0
相关总成本	35 500	30 750	27 000	25 000
结论				最佳方案

通过分析比较表 5-3 中各方案的相关总成本可知，D 方案的相关总成本最低，所以，该公司应尽可能保持 50 000 元的平均现金持有量。

想一想

成本分析模式有什么缺点？

知识拓展

MIN 函数和 IF 函数的应用

如果在 Excel 中制表，计算不同方案下的最佳现金持有量，则可以利用 MIN 函数与 IF 函数的组合。如在 B7 单元格中录入"=IF(B6=MIN($B$6:$E$6),"最佳方案","")"，并将公式复制到 C7、D7、E7 单元格，就可以实现分析结论的自动评判，如图 5-2 所示。

	A	B	C	D	E
1	平均现金持有量	35000	40000	45000	50000
2	机会成本率	10%	10%	10%	10%
3	机会成本	3500	4000	4500	5000
4	管理成本	20000	20000	20000	20000
5	短缺成本	12000	6750	2500	0
6	相关总成本	35500	30750	27000	25000
7	结论	=IF(B6=MIN($B$6:$E$6),"最佳方案","")			

图 5-2 MIN 函数和 IF 函数的应用

（二）存货模式

存货模式是一种将现金看成企业的一种特殊存货，按照存货管理中经济批量法的原理，确定企业最佳现金持有量的方法。

采用存货模式测算最佳现金持有量是建立在下列假设基础上的：

（1）企业未来年度的现金需求总量可以预测；

（2）可通过出售短期有价证券来获得所需现金；

（3）现金支出是均匀的，而且每当现金余额接近 0 时，短期证券可随时转换为现金。存货模式可以用图 5-3 加以说明。

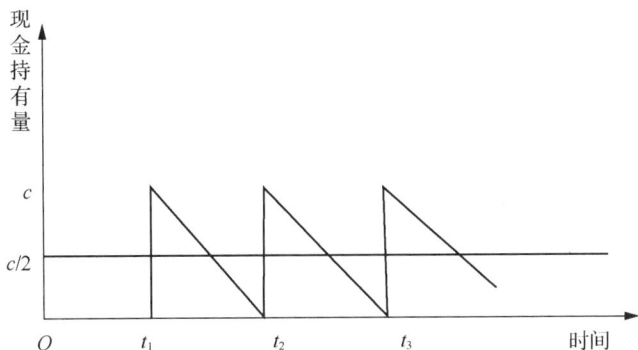

图 5-3　存货模式下的最佳现金持有量

在图 5-3 中，企业现金支出在某一时期内是比较稳定的。C 为企业最高的现金持有量，在每段时间 t 内，C 元现金被均匀地消耗掉，企业便可通过出售短期有价证券获得 C 元现金来补足，如此不断反复。

存货模式的目的是计算出能使现金管理总成本最小的 C 值。在此模式中，现金管理总成本包括持有成本（机会成本）和转换成本两个方面。现金管理总成本的计算公式为：

$$T_C = \frac{C}{2}R + \frac{T}{C}F$$

式中，T_C 为现金管理总成本；C 为现金持有量；R 为有价证券利率；F 为每次的转换成本；T 为一定时期内的现金总需求量。

如果现金持有量大，则持有成本较高，但由于减少了转换次数，所以转换成本可降低；反之，现金持有量小，则持有成本较低，但转换成本又会上升。最佳现金持有量就是使两种成本之和最低时的现金持有量。

总成本、持有成本、转换成本和现金持有量的关系如图 5-4 所示。

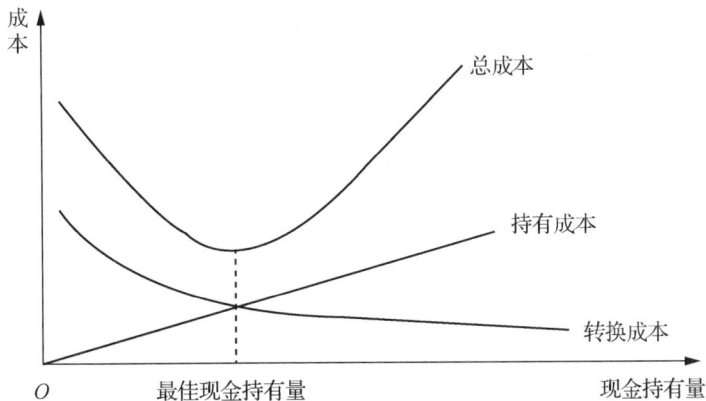

图 5-4　总成本、持有成本、转换成本和现金持有量的关系

在图 5-4 中，现金管理总成本与现金持有量呈 U 形曲线关系，可用导数的方法求出最小值。最佳现金持有量的计算公式为：

$$最佳现金持有量（C）= \sqrt{\frac{2TF}{R}}$$

通过公式的变换，还可以得出下列公式：

年有价证券最佳交易次数：

$N = T \div C$

有价证券交易最佳间隔期 $= 360 \div N$

以知促行

蓝河公司预计全年现金需要量为 36 000 元，现金与有价证券的转换成本为每次 50 元，有价证券的年利率为 10%，计算公司的最佳现金持有量。

该公司最佳现金持有量为：

$$C = \sqrt{\frac{2 \times 36\,000 \times 50}{10\%}} = 6\,000（元）$$

存货模式的优点是计算结果比较精确，它以现金支出均匀发生、持有成本和转换成本易于预测为前提条件；当企业现金收支波动较大时，这种方法的应用就受到了限制。

三、现金收支的日常管理

（一）加快现金周转速度

现金周转期，是指介于企业支付现金与收到现金之间的时间段。要缩短现金周转期，可以从以下方面着手：加快制造与销售产成品来减少存货周转期；加速应收账款的回收来减少应收账款周转期；减缓支付应付账款来延长应付账款周转期。

课堂小测试

（单选题）下列管理措施中，会延长现金周转期的是（　　　　）。

A. 加快制造与销售产成品

B. 加速应收账款的回收

C. 加速应付账款的支付

D. 压缩应收账款信用期

（二）加强现金回收管理

一个高效率的收款系统能够使收款成本和收款浮动期达到最小，同时能够保证与客户汇款及其他现金流入来源相关的信息的质量。

收款成本包括收款浮动期成本、管理收款系统的相关费用（如银行手续费）及第三方处理费用或清算相关费用。

收款浮动期是指从支付开始到企业收到资金的时间间隔。收款浮动期主要有下列三种类型。

（1）邮寄浮动期。邮寄浮动期是指从付款寄出支票到收款人或收款人的处理系统收到支票的时间间隔。

（2）处理浮动期。处理浮动期是指支票的接受方处理支票和将支票存入银行以收回款项所花的时间。

（3）结算浮动期。结算浮动期是指通过银行系统进行支票结算所需的时间。

（三）加强现金支出管理

现金支出管理的关键是尽可能延缓现金的支出时间。企业应根据风险与收益权衡原则选用适当方法延期支付账款。延期支付账款的方法一般有以下几种。

1. 合理利用现金浮游量

所谓现金浮游量，是指企业账户上现金余额与银行账户上所示的存款余额之间的差额。

2. 推迟支付应付款

企业可在不影响信誉的情况下，尽可能推迟应付款的支付期。

3. 采用汇票付款

在使用支票付款时，只要受票人将支票存入银行，付款人就要无条件付款；但汇票不一定是"见票即付"的，采用汇票付款有可能合法地延期付款。

4. 改进工资的支付方式

单独开设职工工资账户，估计支票的兑现时间和金额，这样无须当日存足全部工资额，可以减少现金占用。

👤 **想一想**

改进工资的支付方式对企业有利，但对职工是否无害？

---

5. 透支

透支是企业开出支票的金额大于活期存款余额，是银行向企业提供的信用。透支的限额，由银行和企业共同商定。

6. 争取现金流出与现金流入同步

企业应尽量使现金流出与现金流入同步，这样就可以减少交易性现金余额，同时可以减少有价证券转换为现金的次数，提高现金的利用效率，节约转换成本。

7. 使用零余额账户

企业与银行合作，保持一个主账户和一系列子账户。企业只在主账户保持一定的安全储备，一系列子账户不需要保持安全储备。当从某子账户签发的支票需要现金时，立即从主账户划拨过来，从而可以使更多资金得到充分使用。

☕ **情境案例**

鲁泰 A（000726.SZ）公布，公司于 2023 年 8 月 17 日召开的第十届董事会第十三次会议审议通过了《关于使用闲置自有资金进行现金管理的议案》，同意公司及子公司在保证正常经营的情况下，使用不超过人民币 5 亿元的闲置自有资金进行现金管理，用于购买银行或其他金融机构的安全性高、流动性好的保本型产品，授权期限为公司董事会审议通过之日起 12 个月内有效，在额度及决议有效期内，现金管理业务可循环滚动开展，资金可滚动使用。

（资料来源：格隆汇）

任务三　应收账款管理

任务描述

了解应收账款的成本，掌握信用政策决策，掌握应收账款的日常管理。

相关知识

应收账款是企业因对外赊销产品或材料、供应劳务等而应向购货方或接受劳务单位收取的款项。应收账款的主要功能是促进销售和减少存货。

> **情境案例**
>
> **应收账款压顶，"西北防水王"雨中情防水技术折戟 IPO**
>
> 2023 年 1 月 5 日，证监会发审委召开 2023 年第 3 次审议会议，雨中情防水技术集团股份有限公司（以下简称"雨中情"）首发未通过。而证监会发审委对雨中情询问了 7 个问题，尤其是公司的应收账款占营收份额比例过高，成为关注的核心。
>
> 据招股书记载，截至 2021 年 9 月，雨中情应收账款账面价值 10.55亿元，占营收 65.1%（年化）。未来随着公司经营规模的进一步扩大，应收账款金额可能持续增加。
>
> 应收账款是企业一项重要流动资产，企业进行应收账款投资的主要目的是适应市场竞争，降低存货，增加企业利润。应收账款是企业非常重要的财务指标，过多的应收账款会带来诸多问题。企业应加强客户信用管理、应收账款管理、内部控制和财务管理，降低应收账款的风险，提高企业的经营和财务状况。

一、应收账款的成本

应收账款作为企业为增加销售和盈利而进行的投资，会产生一定的成本。应收账款的成本，包括机会成本、管理成本和坏账成本。

（一）机会成本

应收账款的机会成本，是指因资金投放在应收账款上而丧失的其他收益。例如丧失证券投资机会而失去的投资收益。机会成本的大小通常与企业维持赊销业务所需要的资金数量（即应收账款投资额）、资本成本率有关。其计算公式为：

应收账款机会成本=维持赊销业务所需资金×资本成本率

$$=应收账款平均余额×变动成本率×资本成本率$$

$$=\frac{赊销收入净额}{360}×应收账款周转天数×变动成本率×资本成本率$$

以知促行

海化公司预测下一年度赊销额为 2 500 万元，应收账款平均收账天数为 60 天，变动成本率为 60%，公司因持有应收账款而放弃的证券投资收益率为 8%，一年按 360 天计算。则：

（1）应收账款平均余额=2 500÷360 × 60=416.67（万元）

（2）应收账款平均资金占用额=416.67×60%= 250（万元）

（3）应收账款的机会成本=250×8%= 20（万元）

也就是说，该公司若有 2 500 万元的赊销业务，平均应收账款余额为 416.67 万元，将丧失 20 万元的证券投资收益。

（二）管理成本

管理成本是指在进行应收账款管理时，所增加的费用。主要包括：调查客户信用状况的费用、收集各种信息的费用、账簿的记录费用、收账费用、数据处理成本、相关管理人员成本和从第三方购买信用信息的成本等。

（三）坏账成本

坏账成本，是因应收账款无法收回而给企业带来的损失。该成本一般与应收账款数量同方向变动，即应收账款越多，坏账成本也会越高。坏账成本一般用下列公式测算：

应收账款的坏账成本=赊销额×预计坏账损失率

想一想

如何理解应收账款在企业中的"双刃剑"作用？

情境案例

虚构应收账款的收回，减少坏账准备计提

丹东欣泰电气股份有限公司（以下简称"欣泰电气"）主营业务是节能型变压器等输变电设备和无功补偿装置等系列电网性能优化设备的研发、设计、生产和销售。该公司 2014 年 1 月在创业板上市，2015 年 5 月，根据证监会《上市公司现场检查办法》，辽宁证监局对辖区内的欣泰电气进行了现场检查，检查发现，这家公司可能存在财务数据不真实等问题。2015 年 7 月证监会立案调查，欣泰电气为实现在创业板发行上市目的，报送包含虚假财务报告的发行申请材料，骗取发行核准，上市后继续披露虚假财务报告，构成欺诈发行、虚假陈述。

温某、刘某二人分别担任欣泰电气董事长、总会计师职务，直接商议、决定以外部借款等方式虚构收回应收款项事项，明确知悉欣泰电气报送和披露的文件存在虚假记载和重大遗漏。

素养贴士

"诚信为本，操守为重，坚持准则，不做假账"，这是对会计工作提出的要求，也是会计人员的基本职业道德和行为准则。自古以来，人们将诚实和守信视为道德的最高境界，也将其作为道德的基本要求和做人的基本准则。诚实守信要求会计人员在其工作中讲求信用，以实际发生的经济业务为依据进行核算，不弄虚作假，不为利益所诱惑，保持良好的人格和品质。目前，会计舞弊行为时有发生，究其原因都是违背了诚实守信这一基本职业要求。

二、信用政策

应收账款的管理政策即信用政策，是指企业为应收账款投资进行规划与控制而确立的基本原则与行为规范。其包括信用标准、信用条件和收账政策三部分内容。

（一）信用标准

信用标准是客户获得企业商业信用所应具备的最低条件，通常以预期

的坏账损失率表示。如果企业把信用标准定得过高，将使许多客户因信用品质达不到所设的标准而被拒之门外，其结果尽管有利于降低违约风险及收账费用，但不利于企业市场占有率的提高和销售收入的扩大。相反，如果企业接受较低的信用标准，虽然有利于企业扩大销售，提高市场占有率，但同时也会导致坏账损失风险加大和收账费用增加。因此，企业应在成本与收益比较的基础上，确定适宜的信用标准。

企业在设定某一客户的信用标准时，往往先要进行信用评价，比较流行的方法是"5C 模型"，即考虑客户的品质（Character）、能力（Capacity）、资本（Capital）、抵押（Collateral）、条件（Condition）。

1. 品质（Character）

品质是指企业管理者的诚实和正直表现。品质反映了企业或个人在过去的还款中所体现的还款意图和愿望，这是 5C 模型中最主要的因素。品质通常需要根据过去的记录结合现状调查来进行分析，包括企业经营者的年龄、文化、技术结构、遵纪守法情况、开拓进取及领导能力，有无获得荣誉奖励或违法违纪行为。

2. 能力（Capacity）

能力反映的是企业在其债务到期时可以用于偿债的当前和未来的财务资源。可以使用流动比率和现金流预测等方法评价申请人的还款能力。也可以通过分析申请人的生产经营能力及其获利能力的高低、管理制度是否健全、管理手段是否先进、产品生产销售是否正常、经营规模和实力是否呈现出增长趋势来分析评估。

3. 资本（Capital）

资本是指如果企业当前的现金流不足以还债，其在短期和长期内可供使用的财务资源。比如，可以调查企业的资本规模和负债比率，了解企业资产或资本对负债的保障程度。一般而言，企业资本雄厚，说明企业具有强大的物质基础和抗风险能力。

4. 抵押（Collateral ）

抵押是指当企业不能满足还款条款时，可以用作债务担保的资产或其他担保物。信用分析应分析申请人的担保抵押手续是否齐备，抵押品的估值和出售有无问题，担保人的信誉是否可靠等。

5. 条件（Condition）

条件是指影响企业还款能力和还款意愿的经济环境。经济环境对企业发展前途具有一定的影响，也是影响企业信用的一项重要的外部因素。信用分析必须对企业的经济环境，包括企业发展前景、行业发展趋势、市场需求变化等进行分析，预测其对企业经营效益的影响。

课堂小测试

（多选题）如果企业把信用标准定得过高，则会（　　　）。

A. 降低违约风险

B. 降低收账费用

C. 降低销售规模

D. 有可能会减少市场占有率

知识拓展

信用评分法

信用评分法是指对反映客户信用质量的各种指标进行评分，然后进行加权平均，计算出客户的综合信用分数，并据此进行信用评估的一种方法。定量评价常用的指标有：流动性和营运资本比率（如流动比率、速动比率、现金流动负债比）、债务管理和支付比率（如资产负债率、利息保障倍数）、营运能力比率（如存货周转率、应收账款周转率、总资产周转率）、盈利能力比率（如销售利润率、总资产报酬率、净资产收益率）。

（二）信用条件

信用条件，是指企业接受客户信用订单时所提出的付款要求，主要包括信用期限（间）、折扣期限及现金折扣等。信用条件的基本表现方式如"2/10，N/30"，其中，30天为信用期限，10天为折扣期限，2%为现金折扣率。

现金折扣是吸引客户提前付款而设置的优惠条件。然而，制定现金折扣政策虽然可以因提前收回货款而减少机会成本与坏账成本，却增加了折扣成本。现金折扣成本的计算公式如下：

现金折扣成本=赊销额×折扣率×享受折扣的客户比率

（三）收账政策

收账政策，是指企业针对客户违反信用条件，拖欠甚至拒付账款时所采取的收账策略与措施。它是企业信用政策的一个重要组成部分，企业必须制定完善的收账政策，用以解决客户不能履约付款而出现的拖欠账款问题。

当客户拖欠或拒付账款时，企业应分析现有的信用标准及信用审批制度是否存在缺陷，然后重新对违约客户的资信等级进行调查、评价。企业对客户所拖欠的款项可先通过信函、电话或者派员前往等方式进行催收，态度可逐渐强硬，当这些措施无效时，则可以申请法院裁决。除上述收账政策外，现在还兴起一种新的收款代理业务，即企业可以委托收账代理机构催收账款。一般说来，收账措施越有力，可收回的账款越多，坏账损失也就越小，但是，收账的花费也越大。因此制定收账政策，需要在收账费用和所减少的坏账损失之间进行权衡。

🙎 三、信用政策决策

信用政策是否合理的衡量标准是：信用政策执行后增加的收入（或节约的支出）与增加的支出进行对比，若净收入增加，则是合理的，否则是不合理的。信用政策的内容主要包括制定信用标准、确定信用条件、制定收账政策等内容。其中，确定信用条件包括信用期决策与现金折扣决策。

（一）信用期决策

信用期的确定，主要是分析改变现行信用期对收入和成本的影响。延长信用期，会使销售额增加，产生有利影响；与此同时，应收账款的机会成本、收账费用和坏账损失增加，会产生不利影响。当有利影响大于不利影响时，可以延长信用期，否则不宜延长。

> 📚☕ **情境案例**
>
> 海化公司拟将信用条件"N/30"放宽到"N/45"。各方案估计的赊销水平、坏账百分比和收账费用等有关数据见表5-4。

表5-4　信用条件备选方案相关数据

全额单位：万元

信用期方案	原方案	新方案（A方案）	差异分析
信用条件/天	30	45	
年赊销额	40 000	45 000	
变动成本率	60%	60%	
机会成本率	10%	10%	
坏账损失率	0.05%	1.5%	
收账费用	40	60	
决策过程			
贡献毛益	16 000	18 000	2 000
机会成本	200	337.5	137.5
坏账成本	20	675	655
收账费用	40	60	20
预期净收益	15 740	16 927.5	1 187.5
决策		选择新方案	

要求：请你做出是否修改信用期的决策。

在分析决策过程中，将增加的收益与增加的成本进行对比，若增加的收益大于增加的成本，则修改信用期是有效的。

（1）计算增加的贡献毛益。

增加的贡献毛益=增加的收入×（1-变动成本率）=（45 000-40 000）×（1-60%）=2 000（万元）

（2）计算增加的机会成本。

增加的机会成本=新方案的机会成本-原方案的机会成本

$$=\left(\frac{45\,000}{360}\times 45 - \frac{40\,000}{360}\times 30\right)\times 60\% \times 10\% = 137.5（万元）$$

（3）计算增加的坏账损失。

增加的坏账损失=新方案的坏账损失-原方案的坏账损失

=45 000×1.5%-40 000×0.05%=655（万元）

（4）计算增加的收账费用。

增加的收账费用=新方案的收账费用-原方案的收账费用

=60-40=20（万元）

（5）计算增加的净收益。

增加的净收益=增加的贡献毛益-增加的成本

=2 000-137.5-655-20=1 187.5（万元）

根据计算结果分析，将信用期修改为 45 天是合理的。

（二）现金折扣决策

现金折扣是为了吸引客户提前付款而设置的优惠政策，它能缩短企业的平均收款期，加速资金的周转，降低应收账款的机会成本。另外，现金折扣也能招揽一些视折扣为减价出售的客户前来购货，从而扩大销售量。但是，现金折扣会给企业带来折扣成本。因此，当企业给予客户某种现金折扣时，应当考虑折扣所能带来的收益与成本孰高孰低。

情境案例

沿用"三、信用政策决策"中的【情境案例】资料。如果海化公司为了加速应收账款的回收，决定在新方案（A 方案）的基础上将赊销条件改为"2/10，1/20，N/45"，从而形成 B 方案。估计有 20% 的客户将利用 2% 的折扣，15% 的客户将利用 1% 的折扣，坏账损失率因此降为 1%，收账费用降为 50 万元。此时，是否采纳 B 方案？

本例没有影响收入，增加了现金折扣的成本，减少了坏账损失、收账费用以及机会成本，因此，主要比较增加的成本与节约的成本孰高孰低。决策分析过程如下。

（1）计算增加的贡献毛益。

由于现金折扣的改变并没有使营业收入产生变化，因此，A 方案与 B 方案的贡献毛益差额为零。

（2）计算增加的机会成本。

由于估计约有 20% 的客户会利用 2% 的折扣，在 10 天内付款，15% 的客户将利用 1% 的折扣，在第 11～20 天付款，其余的客户在信用期满付款，所以整体会使得应收账款的平均收款天数缩短。

B 方案应收账款平均收款天数=20%×10+15%×20+（1-20%-15%）×45=34.25（天）

增加的机会成本=（45 000×60%×10%÷360）×34.25-（45 000×60%×10%÷360）×45=-80.62（万元）

（3）计算增加的坏账损失。

增加的坏账损失=45 000×（1%-1.5%）=-225（万元）

（4）计算增加的收账费用。

增加的收账费用=50-60=-10（万元）

（5）计算增加的折扣成本。

增加的折扣成本=45 000×（20%×2%+15%×1%）=247.5（万元）

（6）计算增加的净利润。

增加的净利润=0-［（-80.62）+（-225）+（-10）+247.5］=68.12（万元）

计算结果表明，实行现金折扣后，企业的收益增加，因此，企业应选择B方案，见表5-5。

表5-5 方案差异分析表

金额单位：万元

信用期方案	A方案	B方案	差异分析
信用条件/天	45	2/10,1/20,N/45	
年赊销额	45 000	45 000	
变动成本率	60%	60%	
机会成本率	10%	10%	
坏账损失率	1.5%	1%	
收账费用	60	50	
决策过程			
贡献毛益	18 000	18 000	0
平均收账期	45	34.25	-10.75
机会成本	337.5	256.88	-80.62
坏账成本	675	450	-225
收账费用	60	50	-10
折扣成本		247.5	247.5
决策相关成本	1 072.5	1 004.38	-68.12
决策		选择B方案	

（三）收账政策决策

收账政策是指信用条件被违反时，企业采取的收账策略。企业如果采取较积极的收账政策，可能会减少应收账款投资，减少坏账损失，但要增加收账成本。制定收账政策就是要在增加收账费用与减少坏账损失、减少应收账款机会成本之间进行权衡，若增加的收账费用小于减少的相关成本，则说明制定的收账政策是可取的。

知识拓展

应收账款保理

应收账款保理是指企业将赊销形成的未到期应收账款在满足一定条件的情况下，转让给商业银行，以获得银行的流动资金支持，加快资金周转。从理论上讲，保理可以分为买断型保理（非回购型保理）和非买断型保理（回购型保理）、有追索权保理和无追索权保理、明保理和暗保理、折扣保理和到期保理。我国企业应收账款的数量呈现逐年上升的趋势，企业流动资金短缺与大量债权无法变现之间的矛盾异常突出。应收账款的不断增长使不少企业运营资金拮据，应收账款占用资金加大了企业的机会成本，而应收账款难以收回又使企业的坏账增加，从而增加企业的费用，致使许多企业虚盈实亏，影响企业的利润。

四、应收账款的日常管理

除了进行信用政策决策外，企业还需加强应收账款的日常管理工作，采取有力的措施确保应收账款及时收回。这些措施主要如下。

（一）追踪管理

对企业发生的应收账款，企业需要监督和控制每一笔应收账款和应收账款总额。监督每一笔应收账款的理由是：
第一，在开票或收款过程中可能会发生错误或延迟；
第二，有些客户可能故意拖欠到企业采取追款行动才会付款；
第三，客户财务状况的变化可能会改变其按时付款的能力。
企业也必须对应收账款的总体水平加以监督，因为应收账款的增加会增加企业的机会成本，还可能导致额外融资的需要。此外，应收账款总体水平的显著变化可能表明业务方面发生了改变，这可能影响企业的融资需要和现金水平。企业管理部门需要分析引起这些变化的具体原因并采取相应的管理措施。会引起应收账款重大变化的事件包括销售量的变化、季节性、信用标准的修改、经济状况的波动以及竞争对手采取的促销等行动。对应收账款总额进行分析还有助于预测未来现金流入的金额和时间。

（二）账龄分类管理

应收账款账龄分类管理是指按应收账款的账龄结构对应收账款进行分类，并按不同的类别实施不同的管理工作。一般而言，应收账款的逾期时间越长，收回的可能性越小，发生坏账损失的可能性相对越高；反之，应收账款的逾期时间越短，收账的难度及发生坏账损失的可能性也就越低。假定信用期限为 60 天，表 5-6 所示的账龄分析表反映出某企业 19%（8%+11%）的应收账款为逾期账款。对逾期的不同客户，应采用不同的催账策略与措施。

表 5-6　账龄分析表

账龄	应收账款金额/元	占应收账款总额的百分比
0～30 天	560 000	50%
31～60 天	350 000	31%
61～90 天	89 000	8%
91 天以上	125 000	11%
合计	1 124 000	100%

（三）收现保证率分析

应收账款收现保证率是为了满足现金支付，需要收回的应收账款占应收账款总额的百分比。如果该比率为 30%，其含义就是企业应收账款至少要收回 30%，才能满足当期现金支付的需要。它是衡量企业资金收支平衡的重要指标。其计算公式为：

$$应收账款收现保证率 = \frac{当期必要的现金支付总额 - 当期其他稳定可靠的现金流入总额}{当期应收账款总额} \times 100\%$$

以知促行

海化公司预计当期必须以现金支付的款项有：支付工人工资 29 万元；应纳税款 8 万元；支付应付账款 18 万元；其他现金支出 5 万元。预计当期稳定的现金收回数是 20 万元；应收账款余额为 160 万元。请分析该公司当期至少要收回多少应收账款才能满足资金的需求。

应收账款收现保证率＝（29+8+18+5-20）÷160×100%＝25%

计算结果表明，该企业当期必须收回 25% 的应收账款，才能最低限度保证当期必要的现金支出，否则，企业就有可能陷入支付危机。

任务四 存货管理

任务描述

熟悉存货的成本，掌握存货经济订货批量决策，了解存货的日常管理。

相关知识

存货是指企业在生产经营过程中为销售或者耗用而储备的物资，包括材料、燃料、低值易耗品、在产品等。企业保持充足的存货，可以节约采购费用，可以保证生产经营的需要，可以避免因存货不足带来的机会损失。但是，过多的存货要占用较多的资金，会增加包括仓储费、保险费、维护费、管理人员工资在内的各项开支而降低企业的效益。

存货管理的目标就是要尽力在各种存货成本与存货效益之间做出权衡，达到两者的最佳结合。

一、存货的成本

与存货有关的成本，包括取得成本、储存成本、缺货成本。

（一）取得成本

取得成本指为取得某种存货而支出的成本，通常用 TC_a 来表示。其又分为订货成本和购置成本。

1. 订货成本

订货成本指取得订单的成本，如办公费、差旅费、通信费、运输费等支出。订货成本中有一部分与订货次数无关，如常设采购机构的基本开支等，称为固定订货成本，用 F_1 表示；另一部分与订货次数有关，如差旅费、邮资等，称为变动订货成本，每次订货的变动成本用 K 表示；订货次数等于存货年需要量 D 与每次订货量 Q 之商。订货成本的计算公式为：

$$订货成本=固定订货成本+变动订货成本=F_1+\frac{D}{Q}K$$

2. 购置成本

购置成本指为购买存货本身所支出的成本，即存货本身的价值，经常用数量与单价的乘积来确定。若年需要量用 D 表示，单价用 U 表示，则购置成本为 DU。

订货成本加上购置成本，就等于存货的取得成本。其公式可表达为：

取得成本=订货成本+购置成本=固定订货成本+变动订货成本+购置成本

$$TC_a=F_1+\frac{D}{Q}K+DU$$

📖 案例与思考

高库存压顶，lululemon 欲瓜分"耐克们"生意，门店狂开到二、三线城市

2023 年 6 月 1 日，加拿大运动服装品牌 lululemon（LULU.US）发布 2023 财年第一季度财报。报告期内，lululemon 营收同比增长 24% 至 20 亿美元。其中，北美业务净营收增长 17%，国际业务净营收增长 60%。

利润方面，在第一季度 lululemon 的毛利增长了 32% 至 12 亿美元，毛利率增长了 360 个基点至 57.5%；净利润则从 2022 年同期的 1.9 亿美元增长 53% 至 2.9 亿美元。

虽然在 2022 年，国际业务收入仅占据 lululemon 整体收入的 16%，但该业务一直被市场看作 lululemon 的重要增长机会，管理层在业绩交

流会上,特别提及了在最新季度 lululemon 中国市场收入增速高达 79%。中国市场的高速增长离不开 lululemon 激进的开店策略。2022 年,lululemon 全球新开店总数为 81 家,仅中国就新开了 29 家门店,超新开店总数的三分之一,并不断由一线城市向二、三线城市扩张。

2023 年,lululemon 明确表示,国际市场计划开设的 30 至 35 家新门店,大部分仍在中国。时代财经了解到,截至 2023 年 5 月 9 日,该品牌在中国 36 个城市的门店数已达 101 家。

2022 年以来,运动鞋服品牌的高库存问题备受关注,lululemon 也不例外。2022 财年,lululemon 营收增长 30% 的同时,库存也增长了 50%。

公司首席财务官梅根·弗朗克表示,lululemon2023 财年一季度末库存为 15.8 亿美元,同比增长 24%,与销售增长一致。其预计第二季度末库存增长 20%,2023 年下半年库存增长也与营收增长保持一致。

分析师仍然表示对库存的担忧,因为过高的库存或影响产品折扣,从而影响品牌利润。2023 年 3 月,中国市场 lululemon 在活动中送 Align 瑜伽裤的营销行为就曾引起市场争议,有消费者认为这有损品牌高端定位。

请思考: 迅速扩张的 lululemon,虽然收入增长迅速,但是快速增长的库存也给企业带来风险,过高的存货会增加什么成本?

(二)储存成本

储存成本指为保持存货而发生的成本,包括存货占用资金所应计的机会成本、仓储费用、保险费用、存货破损和变质损失等,通常用 TC_c 来表示。

储存成本也分为固定储存成本和变动储存成本。在一定范围之内,固定储存成本与存货数量的多少无关,如仓库折旧、仓库职工的固定工资等,常用 F_2 表示。变动储存成本与存货的数量有关,如存货占用资金的机会成本(如丧失的利息收入等)、存货的破损和变质损失、存货的保险费用等,若单位变动储存成本用 K_c 来表示,用公式表达的储存成本为:

储存成本=固定储存成本+变动储存成本

$$TC_c = F_2 + K_c \frac{Q}{2}$$

（三）缺货成本

缺货成本指由于存货供应中断而造成的损失，包括材料供应中断造成的停工损失、产成品库存短缺而丧失销售机会的损失等。缺货成本能否作为决策相关成本，应视企业是否允许出现存货短缺的不同情形而定。若允许缺货，则缺货成本高低与决策相关，为决策相关成本；若不允许缺货，则此时的缺货成本为零，与决策无关，为无关成本，也就无须考虑其对决策的影响。缺货成本用 TC_s 表示。

如果以 TC 来表示存货总成本，它的计算公式为：

$$TC = TC_a + TC_c + TC_s = F_1 + \frac{D}{Q}K + DU + F_2 + K_c\frac{Q}{2} + TC_s$$

企业存货管理优化，就是使企业存货总成本 TC 值最小。

📚 情境案例

因面临缺货，"美国版老干妈"售价达 70 多美元一瓶

"老干妈"这个品牌深受人们的喜爱，但是在美国人心中，汇丰食品公司生产的"是拉差"辣椒酱则更符合西方人的口味。而这款"是拉差"辣椒酱正面临短缺，一些商家在电商平台上甚至卖到 70 多美元一瓶。

在 eBay 上，有卖家打出 69.99 美元一瓶 28 盎司"是拉差"辣椒酱的高价，还有很多卖家对其的定价已经飙到 73 美元一瓶。有的商家卖散装包，50 包重量不足一盎司的"是拉差"辣椒酱，售价为 23.94 美元。

据悉，总部位于美国加利福尼亚州的汇丰食品公司向美国各地的餐馆、杂货店和其他食品零售商供应瓶装的"是拉差"辣酱，但是墨西哥的干旱导致辣椒作物枯死，该公司难以为继。一些卖家正在 eBay 和亚马逊等电商平台上，进行高价销售。2022 年，在线杂货配送和提货巨头 Instacart 调查美国人对辣酱的爱好，结果发现"是拉差"辣椒酱是全美购买量最多的辣椒酱，也是 31 个州民众购买的"顶级辣椒酱"。

（资料来源：iDoNews）

👤 二、存货经济订货批量决策

按照存货管理的目的，企业需要通过合理的订货批量和对订货时间的控制，使存货的总成本最低，这个批量就是经济订货量或经济批量或经济订货批量。经济订货批量主要采取经济订货批量模型加以计算确定。

（一）经济订货批量基本模型

通过对存货的成本分析可知，决定经济订货批量的成本因素主要包括变动成本（变动订货成本和变动储存成本）以及允许缺货时的缺货成本。固定成本由于在一定的范围内固定不变，属于决策的无关成本，因此在决策时可以不予考虑。

经济订货批量基本模型是基于以下假设建立的：

（1）企业能够及时补充存货，即需要订货时便可立即取得存货；

（2）能集中到货，而不是陆续入库；

（3）不允许缺货，即无缺货成本；

（4）存货需求量稳定，并且能预测；

（5）存货单价不变，且不存在数量折扣；

（6）企业现金充足，不会因现金短缺而影响订货；

（7）所需存货市场供应充足，不会因买不到需要的存货而影响其他经营活动。

由于企业不允许缺货，即每当存货数量降至零时，下一批订货便会随即全部购入，故不存在缺货成本。此时与存货经济订货批量直接相关的成本就只有变动订货成本和变动储存成本两项，即

存货相关总成本=变动订货成本+变动储存成本

$$TC = K \times \frac{D}{Q} + K_c \frac{Q}{2}$$

式中，TC 为与订货批量有关的存货总成本；D 为每期对存货的总需求；Q 为每次订货批量；K 为每次订货成本；K_c 为单位存货储存变动成本。

不同的成本项目与订货批量呈现着不同的变动关系。如变动储存成本随着订货批量的增加而增加，而变动订货成本却与订货批量呈反向变化，如图 5-5 所示。

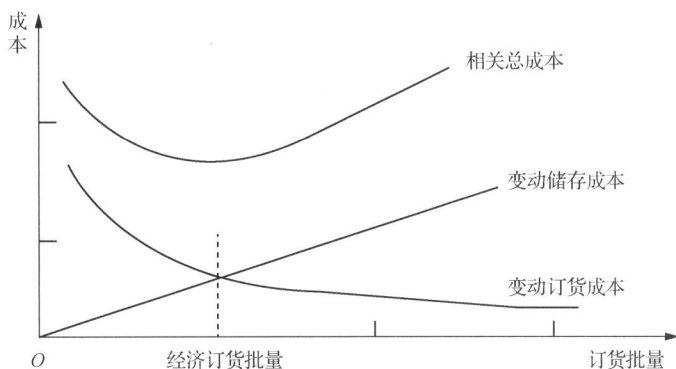

图 5-5　存货成本关系

从图 5-5 中可以看出，当变动订货成本与变动储存成本相等时，存货相关总成本最低，此时的订货批量即为经济订货批量（Economic Order Quantity，EOQ）。所以有：

$$经济订货批量 (EOQ) = \sqrt{\dfrac{2DK}{K_c}}$$

$$经济订货批量的存货相关总成本 (TC) = \sqrt{2KDK_c}$$

以知促行

海化公司每年耗用甲材料 200 000 千克，该材料单位采购成本为 100元/千克，单位年存储成本为 0.8 元/千克，平均每次订货成本为 200 元。则：

$$EOQ = \sqrt{\dfrac{2 \times 200\,000 \times 200}{0.8}} = 10\,000（千克）$$

$$TC = \sqrt{2 \times 200\,000 \times 200 \times 0.8} = 8\,000（元）$$

计算结果表明，当订货批量为 10 000 千克时，变动订货成本与变动储存成本总额最低。

（二）实行商业折扣的经济订货批量模型

为了鼓励客户购买更多的商品，销售企业通常会实行商业折扣，即客户购买越多，所获得的价格优惠越大。此时，订货企业对经济订货批量的确定，除了考虑变动储存成本和变动订货成本外，还应考虑存货的进价。因为此时的存货进价已经与订货的数量大小有了直接联系，属于购货决策的相关成本。所以，存在商业折扣情况下的存货相关总成本公式为：

存货相关总成本＝存货进价＋相关订货成本＋相关储存成本

式中，相关订货成本与相关储存成本，更多的是变动成本。其相应的固定成本，由于在一定范围内是固定不变的，属于与决策无关的成本，所以不纳入管理决策范围。

如果销售企业给予商业折扣的订货批量为一个区间范围，如订货数量在 1 000～1 999 千克可享受 2% 的价格优惠，此时应按给予商业折扣的最低订货批量，即按 1 000 千克计算存货相关总成本。

以知促行

海化公司 A 材料的年需要量为 80 000 千克，每千克标准价格为 4 元。供货商规定：客户每批购买量不足 20 000 千克的，按照标准价格计算；每批购买量 20 000 千克以上，40 000 千克以下的，价格优惠 2%；每批购买量 40 000 千克以上的，价格优惠 3%。已知每批订货成本为 500 元，单位 A 材料的年储存成本为 0.8 元。

要求：确定 A 材料的经济订货批量。

在存在商业折扣的情况下，企业实际上面临着三种选择：一是不享受折扣，即按照基本模型计算；二是享受 2% 的折扣，按照 20 000 千克的批量采购；三是享受 3% 的折扣，按照 40 000 千克的批量采购。同时，还需注意的是，在有商业折扣的情况下，存货进价已经成了决策相关成本。因此，确定经济订货批量，需要比较这三个方案的相关总成本，相关总成本最低的方案对应的订货批量即为经济订货批量。

首先，计算按经济订货批量基本模型确定的经济订货批量。

$$经济订货批量＝\sqrt{\frac{2DK}{K_c}}＝\sqrt{\frac{2\times 80\,000\times 500}{0.8}}＝10\,000（千克）$$

每次订货 10 000 千克时：

年存货相关总成本＝80 000×4＋80 000÷10 000×500＋10 000÷2×0.8＝328 000（元）

其次，计算实行商业折扣的经济订货批量。当每次订货 20 000 千克时：

年存货相关总成本＝80 000×4×（1－2%）＋80 000÷20 000×500＋20 000÷2×0.8＝323 600（元）

当每次订货 40 000 千克时：

年存货相关总成本＝80 000×4×（1−3%）+80 000÷40 000×500+40 000÷2×0.8=327 400（元）

通过比较发现，每次订货为20 000千克时的存货相关总成本最低，所以最佳经济订货批量为20 000千克。

知识拓展

再订货点的确定

为了保证生产和销售正常进行，企业在材料用完之前就需要开始办理订货手续。这时，就涉及再订货点、订货提前期的问题。此外，为了应对耗用量突然增加或交货延期等意外情况造成的缺货，企业还需考虑保险储备量的问题。相关的计算公式如下：

再订货点=订货提前期×每日平均消耗量+保险储备量

保险储备量=（预计每天的最大耗用量−平均每天的正常耗用量）×正常订货提前期

三、存货的日常管理

存货的日常管理是指企业在日常生产经营活动中，根据存货计划和生产经营活动的实际要求，对各种存货的使用和周转状况进行组织、调节和监督，从而将存货数量保持在一个合理的水平上。最常见的方法为存货ABC分类管理法。

存货ABC分类管理法（以下简称"ABC分类法"），是意大利经济学家帕雷托（Pareto）于19世纪首创的，经过不断发展和完善，现已广泛用于存货管理、成本管理和生产管理中。对企业尤其是大型企业而言，有成千上万种存货项目，其数量、价值各不相同，甚至相差很远。如果不分主次，面面俱到，就抓不住重点，无法有效地控制主要存货资金。ABC分类法就是遵循"保证重点，照顾一般"的原则，采用科学的分析方法，把重点存货与一般存货加以划分，分别进行管理的一种有效的管理方法。

（一）ABC分类法的分类标准

ABC分类法是按照一定的标准，将企业的存货划分为A、B、C三类，分别实行按品种重点管理、按类别一般控制和按总额灵活掌握的存货管理方法。其分类标准主要有两个：一是金额标准；二是品种数量标准。其中，金额标准是最基本的，品种数量标准仅作为参考。其具体做法如下。

A 类：金额巨大，但品种数量较少的存货（品种数量占总品种数量的 10%左右，金额占总金额的 70%左右）。

B 类：介于 A、C 两类之间的存货（品种数量占总品种数量的 20%左右，金额占总金额的 20%左右）。

C 类：金额微小，但品种数量众多的存货（品种数量占总品种数量的 70%左右，金额占总金额的 10%左右）。

（二）ABC 分类法的运用

把存货划分为 A、B、C 三大类，其目的是实现最经济、最有效的管理。ABC 分类法的具体内容如表 5-7 所示。

表 5-7　ABC 分类法的具体内容

管理项目	A 类存货	B 类存货	C 类存货
控制方法	按品种严格控制	按类别控制	按总额控制
采购批量	按经济订购量控制	适当放宽	简单估算
盘点要求	实行永续盘存制	定期检查	实行实地盘存制
记录要求	序时记录	定期记录	定期汇总记录
保险储备	按品种确定	按类别确定	视情况而定

综上所述，ABC 分类法的特点在于使企业分清主次，突出重点，照顾一般，提高存货资金管理的整体效果。

素养贴士

我国坚持把发展经济的着力点放在实体经济上，推进新型工业化，加快建设制造强国、质量强国、航天强国、交通强国、网络强国、数字中国。制造业是我国经济命脉所系，是立国之本、强国之基。制造业实力和整个国民经济的发展效益息息相关。我国要做好制造业，创新是第一动力。随着我国经济和科技的发展，部分领域已经从"跟跑"到"并跑"，甚至"领跑"，不能再简单地靠模仿创新，而要加大自主创新和集成创新。当代学生应该勇于思考，勇于探索，善于发现，提升自身的创造性思维，为建设质量强国贡献力量。

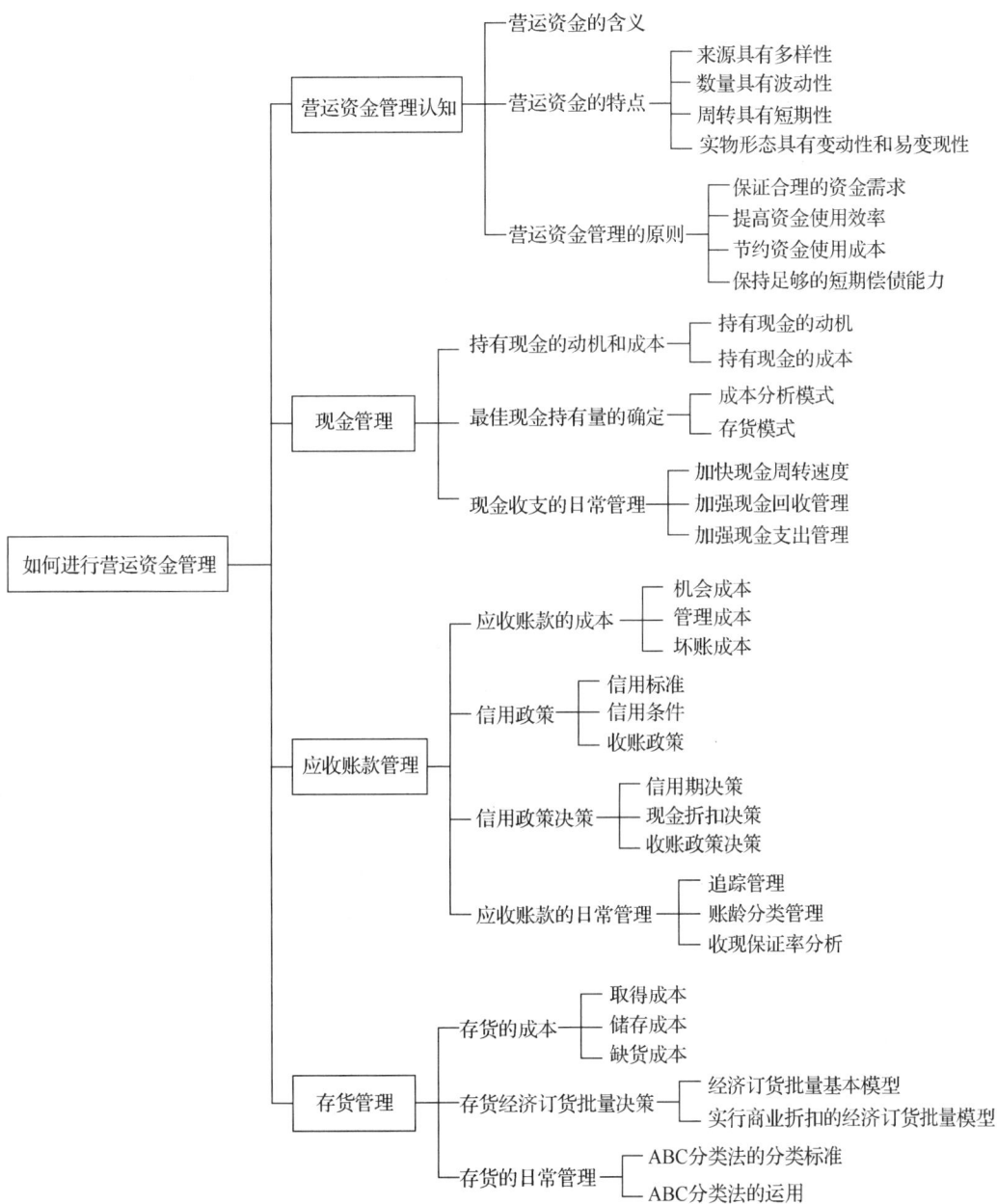

项目小结

```
                                              ┌─ 营运资金的含义
                                              │
                                              │                      ┌─ 来源具有多样性
                                              │                      ├─ 数量具有波动性
                          ┌─ 营运资金管理认知 ─┼─ 营运资金的特点 ─────┤
                          │                   │                      ├─ 周转具有短期性
                          │                   │                      └─ 实物形态具有变动性和易变现性
                          │                   │
                          │                   │                         ┌─ 保证合理的资金需求
                          │                   │                         ├─ 提高资金使用效率
                          │                   └─ 营运资金管理的原则 ─────┤
                          │                                             ├─ 节约资金使用成本
                          │                                             └─ 保持足够的短期偿债能力
                          │
                          │                   ┌─ 持有现金的动机和成本 ──┬─ 持有现金的动机
                          │                   │                         └─ 持有现金的成本
                          │                   │
                          │                   │                       ┌─ 成本分析模式
                          ├─ 现金管理 ────────┼─ 最佳现金持有量的确定 ─┤
                          │                   │                       └─ 存货模式
                          │                   │
                          │                   │                      ┌─ 加快现金周转速度
                          │                   └─ 现金收支的日常管理 ──┼─ 加强现金回收管理
                          │                                          └─ 加强现金支出管理
 如何进行营运资金管理 ────┤
                          │                                     ┌─ 机会成本
                          │                   ┌─ 应收账款的成本 ─┼─ 管理成本
                          │                   │                  └─ 坏账成本
                          │                   │
                          │                   │                ┌─ 信用标准
                          │                   ├─ 信用政策 ──────┼─ 信用条件
                          │                   │                └─ 收账政策
                          ├─ 应收账款管理 ────┤
                          │                   │                  ┌─ 信用期决策
                          │                   ├─ 信用政策决策 ───┼─ 现金折扣决策
                          │                   │                  └─ 收账政策决策
                          │                   │
                          │                   │                      ┌─ 追踪管理
                          │                   └─ 应收账款的日常管理 ─┼─ 账龄分类管理
                          │                                          └─ 收现保证率分析
                          │
                          │                                  ┌─ 取得成本
                          │                   ┌─ 存货的成本 ─┼─ 储存成本
                          │                   │              └─ 缺货成本
                          │                   │
                          └─ 存货管理 ────────┤                      ┌─ 经济订货批量基本模型
                                              ├─ 存货经济订货批量决策 ┤
                                              │                      └─ 实行商业折扣的经济订货批量模型
                                              │
                                              └─ 存货的日常管理 ──┬─ ABC分类法的分类标准
                                                                  └─ ABC分类法的运用
```

技能训练

一、单项选择题

1. 下列各项中，属于营运资金特点的是（　　　）。
   A. 营运资金的来源单一
   B. 营运资金的周转具有长期性
   C. 营运资金的实物形态具有变动性和易变现性
   D. 营运资金的数量具有稳定性

2. 下列各项中，不属于营运资金管理应遵循的原则的是（　　　）。
   A. 满足正常资金需求
   B. 提高资金使用效率
   C. 节约资金使用成本
   D. 维持长期偿债能力

3. 甲企业是集日常消费品零售、批发于一体的企业，春节临近，为了预防货物中断而持有大量的现金。该企业持有大量现金属于（　　　）。
   A. 交易性需求　　　　　　　　B. 预防性需求
   C. 投机性需求　　　　　　　　D. 支付性需求

4. A公司每年的现金需求总量为800 000元，每次出售有价证券以补充现金所需的交易成本为100元，持有现金的机会成本率为10%。按照现金管理的存货模型，下列说法中正确的是（　　　）。
   A. 最佳现金持有量是4 000元
   B. 最佳现金持有量下现金持有总成本为4 000元
   C. 最佳现金持有量下机会成本为20 000元
   D. 最佳现金持有量下交易成本为20 000元

5. 下列管理措施中，会延长现金周转期的是（　　　）。
   A. 加快制造与销售产成品
   B. 加速应收账款的回收
   C. 加速应付账款的支付
   D. 压缩应收账款信用期

6. 甲公司目前全年销售量20 100件，单价5元，单位变动成本4元，信用期为25天，假设所有顾客均在信用期末付款。现改变信用政策，拟将信用期改为 40 天。预计销售量将增长 10%，其他条件不变，假设等风险投资的最低收益率为 12%，一年按 360 天计算。则改变信用政策增加的机会成本为（　　　）元。

    A. 402　　　　B. 509.2　　　　C. 627.12　　　　D. 640

7. 信用评价的"5C 模型"中，能力指的是（　　　）。

    A. 申请人的偿债能力

    B. 影响申请人还款能力的外在因素

    C. 申请人可以使用的财务资源对负债的保障程度

    D. 申请人在过去还款中体现出的还款意图和愿望

8. 下列各项中，不属于存货的储存成本的是（　　　）。

    A. 仓库费用　　B. 变质损失　　　C. 保险费用　　　D. 运输费

9. 某公司存货年需要量为 50 000 件，每次订货的变动成本为 25 元，单位变动储存成本为 10 元/件，则经济订货批量为（　　　）件。

    A. 354　　　　B. 200　　　　C. 500　　　　D. 5 000

10. 采用 ABC 分类法对存货进行控制时，应当重点控制的是（　　　）。

    A. 数量较多的存货

    B. 占用资金较多但品种数量较少的存货

    C. 品种较多的存货

    D. 存在时间较长的存货

二、多项选择题

1. 下列关于营运资金的表述中，正确的有（　　　）。

    A. 营运资金=流动资产-流动负债

    B. 与筹集长期资金的方式相比，企业筹集营运资金的方式较为灵活多样

    C. 随着流动资产数量的变化，流动负债的数量也会相应发生变动

    D. 交易性金融资产、应收账款、存货等流动资产一般具有较强的变现能力

2. 下列各项中，属于现金支出管理的措施的有（　　　）。

    A. 使用现金浮游量

    B. 争取现金流出与现金流入同步

    C. 改进员工工资支付模式

    D. 使用零余额账户

3. 在最佳现金持有量的存货模型中，若每次出售有价证券的交易成本不变，持有现金的机会成本率降低一半，现金需求量提高一倍，则（　　　）。

    A. 最佳现金持有量提高一倍

    B. 最佳现金持有量降低一半

    C. 机会成本提高一倍

    D. 机会成本不变

4. 下列关于应收账款机会成本的公式中，正确的有（　　　）。

    A. 应收账款的机会成本=赊销收入净额/360×应收账款周转天数×变动成本率×资本成本率

    B. 应收账款的机会成本=应收账款平均余额×变动成本率×资本成本率

    C. 应收账款的机会成本=全年变动成本/360×平均收现期×资本成本率

    D. 应收账款的机会成本=赊销额×预计坏账损失率

5. 信用条件是销货企业要求赊购客户支付货款的条件，下列各项中属于信用条件组成内容的有（　　　）。

    A. 信用期限   B. 信用标准

    C. 现金折扣   D. 折扣期限

6. 下列关于存货成本的说法中，正确的有（　　　）。

    A. 取得成本包括订货成本和储存成本

    B. 购置成本指为购买存货本身所支出的成本，即存货本身的价值

    C. 材料供应中断造成的停工损失属于缺货成本

    D. 存货的保险费用是订货的固定成本

7. 丙公司年需要零部件 2 500 件，每日送货量为 25 件，每日耗用量为 5 件，一次订货成本为 20 元，单位存货储存变动成本为 8 元，则下列表述中正确的有（　　　）。

    A. 经济订货批量为 180 件

    B. 经济订货批量为 125 件

    C. 相关总成本为 800 元

    D. 相关总成本为 560 元

8. 关于存货的 ABC 分类法，下列说法中正确的有（　　　）。

    A. 价值最大的存货是 A 类存货

    B. 品种数量最多的存货是 C 类存货

C. 对于 C 类存货应实行重点控制

D. 对于 A 类存货采取一般管理

三、判断题

1. 企业出现资金周转不灵、现金短缺时，便可迅速变卖流动资产，以获取现金，这对财务上应付临时性资金需求具有重要意义，体现的是营运资金的实物形态具有变动性。　　　　　　　　　　　　　　　（　　）

2. 企业的现金持有量一般小于三种需求下的现金持有量之和，因为为某一需求持有的现金可以用于满足其他需求。　　　　　　（　　）

3. 成本模型考虑的现金持有总成本包括机会成本、管理成本、短缺成本，最佳现金持有量是机会成本、管理成本之和最低时的现金持有量。

（　　）

4. 企业花费的收账费用越多，坏账损失就会越少，并且平均收账期也会越短。　　　　　　　　　　　　　　　　　　　　　　（　　）

5. 在确定经济订货批量时，随着每次订货批量的变动，相关订货成本与相关储存成本呈反方向变化。　　　　　　　　　　　　（　　）

6. 在 ABC 分类法中，催款的重点对象是 C 类客户。　　（　　）

7. 在企业生产经营过程中，存货管理目标只是保证生产正常进行。

（　　）

四、计算分析题

1. 已知：某公司现金收支平衡，预计全年（按 360 天计算）现金需要量为 360 000 元，现金与有价证券的转换成本为每次 600 元，有价证券年利率为 12%。（运用存货模型计算）

要求：

（1）计算最佳现金持有量；

（2）计算最佳现金持有量下的全年现金管理相关总成本、全年现金转换成本和全年现金持有机会成本；

（3）计算最佳现金持有量下的全年有价证券交易次数和有价证券交易间隔期。

2. 甲公司目前采用 30 天付款的信用政策，全年销售量为 150 000 件，单价为 6 元，单位变动成本为 5 元，固定成本为 45 000 元，可能发生的收账费用和坏账损失分别为 2 500 元和 4 500 元。现拟将信用期间放宽至 45

天，同时为了吸引顾客尽早付款，提出了"0.5/30"的现金折扣条件，预计销售量、固定成本、收账费用和坏账损失均增长 10%，其他条件不变。估计会有一半的顾客（按 45 天信用期所能实现的销售量计算）将享受现金折扣优惠，其余顾客在第 45 天付款。假设等风险投资的最低报酬率为 15%，一年按 360 天计算。

要求：

（1）计算改变信用期间导致应收账款占用资金的应计利息增加额；

（2）判断是否应改变现行的信用政策。

3. 位于广州的彩宝公司是一家生产加工珠宝首饰的公司，每年需外购红宝石半成品 7 200 颗，单位价格为 5 000 元，运费由供应商负责支付，其他相关资料如下。

（1）去年共处理与订购红宝石半成品有关的订单 30 份，总成本 20 000 元，其中固定成本 11 750 元，预计未来成本性态不变。

（2）红宝石半成品运抵公司后，原料部门需要检查数量、重量和质量是否符合标准。为此雇用了一名专业检验人员，每月支付基本工资 5 000 元，每份订单检验工作需要 8 小时，每小时支付 200 元。

（3）公司用来储存红宝石半成品的仓库每年折旧 30 000 元，保险费用为每颗 100 元，占用资金的应计利息等其他储存成本为每颗 200 元。

（4）为了预防供货中断和偶然性的额外用料需求，彩宝公司设置了 80 颗的保险储备量。

（5）从发出订单到货物运抵广州需要 5 个工作日。假设彩宝公司每年生产 360 天。

要求：

（1）计算彩宝公司红宝石半成品的经济订货批量；

（2）计算每年与经济订货批量相关的存货总成本；

（3）计算再订货点；

（4）计算每年持有存货的总成本。

项目六

如何进行利润分配管理

案例导航

一位依靠养老金生活的老太太与一位现金比较充裕的年轻人购买了同一上市公司的股票。该公司 2022 年度每股收益为 0.7 元。公司董事会考虑到近期有一个比较好的投资机会，现金比较紧张，决定不发放现金股利。该公司 2023 年 4 月 12 日发布的股利分配公告称，其股利分配预案是每 10 股送 4 股。

对于这个股利分配方案，年轻人比较满意，认为分配股票股利比发放现金股利好，将利润留在企业用于未来的发展，扩大了企业的经营规模，增强了企业的实力；另外，分配股票股利后，股价自动除权，降低了股票的价格，也就降低了购买这种股票的门槛，可以改变股票的供求关系。在牛市背景下，填权的可能性很大，有助于提高投资者的价差收入。而老太太则不以为然，对这个分配方案不满意，她认为自己靠养老金和现金股利生活，不发放现金股利，将影响今年的生活质量。

【思考】

作为企业股东的老太太与年轻人，为什么在股利分配形式上会产生分歧？企业在制订股利分配方案以及选择股利分配形式时，应该考虑哪些因素？

任务一　利润分配认知

任务描述

了解利润分配的原则，熟悉利润分配的项目和顺序。

相关知识

利润分配是将一定时期内所创造的经营成果合理地在企业内、外部各利益相关者之间进行有效分配的过程。

一、利润分配管理的意义

利润分配管理作为现代企业财务管理的重要内容之一，对维护企业与各相关利益主体的财务关系、提升企业价值具有重要意义。具体而言，利润分配管理的意义主要表现在三个方面，如图 6-1 所示。

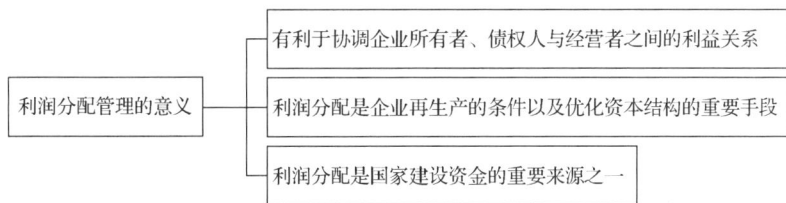

```
                          ┌─ 有利于协调企业所有者、债权人与经营者之间的利益关系
                          │
利润分配管理的意义 ────────┼─ 利润分配是企业再生产的条件以及优化资本结构的重要手段
                          │
                          └─ 利润分配是国家建设资金的重要来源之一
```

图 6-1　利润分配管理的意义

二、利润分配的原则

企业在进行利润分配时应遵循以下基本原则。

（一）依法分配原则

企业的利润分配必须依法进行。企业的利润分配涉及国家、企业、股东、债权人、职工等多方面的利益。为了规范企业的利润分配行为，国家颁布了相关法规，明确了企业利润分配的基本要求、一般程序和重要比例，企业应当认真执行，不能违反。

（二）分配与积累并重原则

企业的利润分配必须坚持分配与积累并重的原则。企业通过经营活动获取收入，既要保证企业简单再生产的持续进行，又要不断积累企业扩大再生产的财力基础。分配可以满足投资者当前的利益需求；积累可以为企业扩大再生产积累资金，增强企业抗风险的能力，有利于保障投资者的长远利益。

（三）兼顾各方利益原则

企业的利润分配应当兼顾各方面的利益。投资者作为企业所有者，依法享有净收入的分配权；债权人在向企业投入资金时承担了一定的风险，企业的利润分配不能损害债权人的利益；企业员工是企业净收入的直接创造者，企业利润分配应当考虑员工的长远利益。因此，企业进行利润分配时，应当统筹兼顾，维护各方利益。

（四）投资与收入对等原则

企业进行利润分配应当体现"谁投资、谁受益"、收入大小与投资比例对等的原则。这是正确处理投资者利益关系的关键。企业在向投资者分配收益时，应本着平等一致的原则，按照投资者投资额的比例进行分配，不允许任何一方随意多分多占，这样才能从根本上实现收益分配中的公开、公平、公正，保护投资者的利益。

（五）资本保全原则

企业的利润分配是对投资者投入资本的增值部分所进行的分配，不是投资者资本金的返还。以企业的资本金进行的分配，属于一种清算行为，不是利润的分配。企业的利润分配必须遵循资本保全原则。

课堂小测试

（判断题）利来集团股份有限公司认为"公司利润分配不得超过累计可分配利润范围"，该思想体现了资本保全原则。（　　　　）

知识拓展

证监会发布《上市公司监管指引第 3 号——上市公司现金分红》

为进一步推进现金分红工作，证监会对现行现金分红制度实施效果进行了梳理评估，结合监管实践进一步修改、补充和完善，制定了《上市公司监管指引第 3 号——上市公司现金分红》。

多年来，证监会立足资本市场实情，从保护投资者合法权益、培育市场长期投资理念出发，多措并举引导上市公司完善现金分红机制，强化回报意识。一是要求上市公司在章程中明确现金分红政策，健全分红决策程序和机制，并予以充分披露。二是督促上市公司严格执行现金分红政策，规范现金分红行为，强化其现金分红承诺与执行的一致性。三是配合财政部、国家税务总局实施新的上市公司股息红利税收政策，按照投资者持股期限实行差别化税率，从健全政策机制入手，培育长期投资理念。随着各项政策的推进，我国上市公司现金分红的稳定性、持续性有所改善。2010 年至 2012 年，境内实施现金分红的上市公司家数占比分别为 50%、58%、68%，现金分红比例分别为 18%、20%、24%。

上市公司现金分红是资本市场的一项基础性制度，也是属于公司自治范畴的事项。从金融理论和监管实践看，分红制度能有效增强资本市场投资功能和吸引力。现金分红作为投资者回报的重要方式，在成熟市场中往往占据主导地位。综观各国实践，成熟市场大多实施公司自治型分红政策，而新兴市场，如巴西，不同程度采用过强制性分红政策。我国上市公司现金分红因受金融环境等多方面因素影响，仍存在现金分红高度集中于少数优质公司、分红的连续性和稳定性不足、成长性公司分红水平总体高于成熟公司、分红回报方式较为单一、结构不够合理等问题。为此，证监会始终紧紧围绕保护中小投资者合法权益的工作重心，在充分尊重公司自治的基础上，结合上市公司规范运作水平，将现金分红作为资本市场一项重要基础制度建设，常抓不懈。此次发布关于现金分红的监管指引，重点从以下几方面加强上市公司现金分红监管工作。

一是督促上市公司规范和完善利润分配的内部决策程序和机制，增强现金分红的透明度。证监会着力于公司章程和决策机制，鼓励上市公司在章程中明确现金分红在利润分配方式中的优先顺序，要求上市公司在进行分红决策时充分听取独立董事和中小股东的意见和诉求。督促上市公司进一步强化现金分红政策的合理性、稳定性和透明度，形成稳定回报预期。

二是支持上市公司采取差异化、多元化方式回报投资者。支持上市公司结合自身发展阶段并考虑其是否有重大资本支出安排等因素制定差异化的现金分红政策。鼓励上市公司依法通过发行优先股、回购股份等方式多渠道回报投资者，支持上市公司在其股价低于每股净资产的情况下回购股份。

三是完善分红监管规定，加大监督检查力度。加大对未按章程规定分红和有能力但长期不分红公司的监管约束，依法采取相应监管措施。

此外，证监会正在积极推动国资管理部门完善国有控股上市公司业绩考核体系，推动国有控股上市公司提高分红水平；推动社保基金等有持续稳定分红需求的长期投资者积极介入公司治理，促使上市公司不断增强回报意识。同时，会同财税部门进一步优化现金分红税收政策，为上市公司持续稳定分红创造条件。

（资料来源：中国证监会）

三、利润分配的顺序

根据《公司法》的规定，公司进行利润分配涉及的项目主要包括盈余公积和股利两部分，公司税后利润分配的顺序如下。

（一）弥补亏损

公司法定公积金不足以弥补公司前期亏损的，应先用当期利润弥补亏损。弥补亏损后即可得出本年是累计盈利还是累计亏损。如为累计亏损，则公司不能进行后续的分配。

情境案例

海河公司利润分配程序

海河公司在开始经营的前 8 年中，实现的税前利润（亏损以"-"号表示）如表 6-1 所示。

表 6-1　海河公司的税前利润

单位：万元

年份	1	2	3	4	5	6	7	8
利润	-100	-40	30	10	10	10	60	40

假设公司除弥补亏损以外，无其他纳税调整事项，该公司的所得税税率一直为 25%，公司按规定实行连续 5 年税前利润弥补亏损的政策，税后利润（弥补亏损后余额）按 10%计提法定盈余公积，公司不提取任意盈余公积。

请思考：该公司第 7 年是否需要缴纳所得税，是否有利润用于提取法定盈余公积；该公司第 8 年是否有利润用于提取法定盈余公积，是否有利润可分配给股东。

（二）提取法定盈余公积

公司经计算本年有盈利的，按抵减年初累计亏损后的本年净利润计提法定盈余公积。提取法定盈余公积的基数，不是累计盈利，也不一定是本年的税后利润。只有在没有年初累计亏损的情况下，才能按本年税后利润计算应提取法定盈余公积数。这样规定的目的是，公司不能用资本发放股利和提取法定盈余公积。法定盈余公积一般按照税后利润的 10%提取，法定盈余公积达到注册资本的 50%时，可不再提取。法定盈余公积可用于弥补亏损、扩大生产经营规模或转增资本，但公司用法定盈余公积转增资本后，法定盈余公积的余额不得低于公司注册资本的 25%。

（三）提取任意盈余公积

任意盈余公积按照公司章程或股东（大）会决议提取和使用，其目的是控制向投资者分配利润的水平以及调整各年利润的波动，公司通过提取任意盈余公积对投资者分红加以限制和调节。

（四）向投资者分配利润或股利

净利润扣除上述项目后，再加上以前年度的未分配利润，即为可供普通股股东分配的利润。公司应按照同股同权、同股同利的原则，向普通股股东支付股利。

想一想

在利润分配的程序中，哪些程序会形成留存收益，哪些程序会导致现金从公司流出？

根据《公司法》的规定，股东（大）会或者董事会违反相关规定，在公司弥补亏损和提取法定盈余公积之前向股东分配利润的，股东必须将违反规定分配的利润退还给公司。

课堂小测试

（多选题）广德集团股份有限公司 2022 年度实现净利润 813 万元，2021 年度未分配利润数为 -5 009 万元，下列各项说法中，正确的有（　　　）。

A. 2022 年度不应进行利润分配，年末结存的未分配利润结转下年

B. 2022 年度有盈余应进行利润分配，年末结存的未分配利润结转下年

C. 2022 年度应先按 10% 提取盈余公积，再弥补累计亏损

D. 2022 年度净利润不足以弥补累计亏损，当年度不应进行利润分配

四、股利支付的方式与程序

（一）股利支付的方式

常见的股利支付方式有以下几种。

1．现金股利

现金股利亦称派现，是股份有限公司以货币形式发放给股东的股利，它是股利支付最常见的方式。公司选择发放现金股利除了要有足够的留存收益外，还要有足够的现金，而现金充足与否往往会成为公司发放现金股利的主要考虑因素。

2．财产股利

财产股利是以公司所拥有的其他企业的有价证券（如债券、股票等）支付的股利。

3．负债股利

负债股利是以负债方式支付的股利，通常以公司的应付票据支付给股东，有时也以发行公司债券的方式支付股利。

财产股利和负债股利实际上是现金股利的替代形式，在我国很少使用。

4．股票股利

股票股利是公司以增发的股票支付的股利，通常也称为"红股"。发放股票股利对公司来讲，并没有现金流出，也不会导致公司的财产减少，而只是将公司的未分配利润转化为股本和资本公积。但股票股利会增加流通在外的股票数量，同时降低股票的每股价值。它不改变公司股东权益总额，但会改变股东权益的构成。

情境案例

某公司在发放股票股利以前，股东权益情况如表 6-2 所示。

表 6-2　发放股票股利前股东权益情况

金额单位：元

股东权益项目	金额	比例
普通股（每股 1 元，已发行 800 000 股）	800 000	20%
资本公积	1 200 000	30%
未分配利润	2 000 000	50%
股东权益合计	4 000 000	100%

假定该公司决定发放 10% 的股票股利，即普通股股东每持 10 股可得 1 股的股票。那么，增发普通股的股票数量为：

800 000×10%=80 000（股）

若该股票当时市价为 10 元，随着股票股利的发放，需要从"未分配利润"项目转出的资金量为：

10×800 000×10%=800 000（元）

由于股票面额（1 元）不变，增发的 80 000 股只能按股票面额（即80 000 元）的价值标准反映在"普通股"项目内，其余的 720 000（800 000-80 000）元应按股票溢价处理，反映在"资本公积"项目内。经过上述财务处理后，该公司股东权益各项目调整后的情况如表 6-3 所示。

表 6-3　发放股票股利后股东权益情况

金额单位：元

股东权益项目	金额	比例
普通股（每股 1 元，已发行 880 000 股）	800 000+80 000=880 000	22%
资本公积	1 200 000+720 000=1 920 000	48%
未分配利润	2 000 000-800 000=1 200 000	30%
股东权益合计	4 000 000	100%

表 6-3 显示，发放股票股利不会对公司股东权益总额产生影响，但改变了股东权益项目的比例结构。发放股票股利后，如盈利总额保持不变，普通股股数的增加会引起每股盈余和每股市价的下降；但又因为股东所持股份的比例不变，每位股东所持股票的市场价值总额仍保持不变。

（二）股利支付的程序

公司股利的发放必须遵守相关的要求，按照日程安排来进行。一般情况下，先由董事会提出分配预案，然后提交股东大会决议，股东大会决议通过才能进行分配。股东大会决议通过分配预案后，要向股东宣布发放股利的方案，并确定股权登记日、除息日和股利发放日。

1.　股利宣告日

股利宣告日，即股东大会决议通过并由董事会将股利支付情况予以公告的日期。公告中将宣布每股支付的股利、股权登记日、除息日和股利发放日。

2.　股权登记日

股权登记日，即有权领取本期股利的股东资格登记截止日期。凡是在此指定日期收盘之前取得公司股票，成为公司在册股东的投资者都可以作为股东享受公司本期分派的股利。在这一天之后取得股票的股东则无权领取本次分派的股利。

3. 除息日

除息日，即领取股利的权利与股票分离的日期。只有在除息日之前购买股票的股东才能领取本次股利，在除息日当天或以后购买股票的股东，不能领取本次股利。由于失去了"收息"的权利，因此除息日的股票价格会下跌。除息日是股权登记日的下一个交易日。

4. 股利发放日

股利发放日，即公司按照公布的分配方案向股权登记日在册的股东实际支付股利的日期。

📠☕ 情境案例

海河公司于 2022 年 4 月 10 日公布 2021 年度的最后分红方案，其公告如下："2022 年 4 月 9 日在北京召开的股东大会，通过了董事会关于每股分派 0.15 元的 2021 年股息分配方案。股权登记日为 4 月 25 日，除息日为 4 月 26 日，股东可在 5 月 10 日至 25 日通过深圳证券交易所按交易方式领取股息。特此公告。"那么，该公司的股利支付程序如图 6-2 所示。

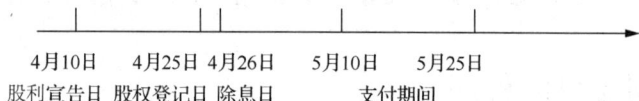

4月10日	4月25日	4月26日	5月10日	5月25日
股利宣告日	股权登记日	除息日	支付期间	

图 6-2　股利支付程序

👆 知识拓展

含权股、填权和贴权

上市公司分配股利一般采用股票股利和现金股利两种形式，即通常所说的送红股和派现金。当上市公司向股东分派现金股利时，就要对股票进行除息；当上市公司向股东送红股时，就要对股票进行除权。

当一家上市公司宣布上年度有利润可供分配并准备予以实施时，该股票就称为"含权股"，因为持有该股票就享有分红派息的权利。进行股权登记后，股票将要除权除息，即将股票中含有的分红权利予以解除。除权除息在股权登记日收盘后进行，除权除息价是将股权登记日的收盘价根据除去的权利加以计算的，由证券交易所于除权日（股权登记日下一交易日）当天公布。除权价仅是除权日开盘价的一个参考价格，当实际开盘价高于这一理论价格时，就称为"填权"，股东即可获利；反之，实际开盘价低于这一理论价格时，就称为"贴权"，会造成股东浮亏。填权和贴权是股票除权后的两种可能。

任务二　股利政策的选择

任务描述

熟悉股利政策类型及股利支付的影响因素。

相关知识

股利政策是指在法律允许的范围内，公司是否发放股利、发放多少股利以及何时发放股利的方针及对策。

可供选择的股利政策包括：剩余股利政策、固定或稳定增长的股利政策、固定股利支付率政策及低正常股利加额外股利政策。

一、剩余股利政策

剩余股利政策下，企业生产经营所获得的净收益首先应根据企业的目标资本结构，测算出企业的权益资金需求，先从盈余中留用，如果还有剩余，则派发股利；如果没有剩余，则不派发股利。企业的股利政策不应当破坏目标资本结构，股利支付与否、支付多少受到企业的投资机会和资本结构的影响。

（一）剩余股利政策实施的基本步骤

（1）设定目标资本结构，在此资本结构下，企业的加权平均资本成本将达到最低水平。

（2）确定未来投资机会的资金需求，根据目标资本结构计算所需要的权益资金数额。

（3）尽可能用留存收益来满足未来投资机会中对权益资金的需求。

（4）留存收益在满足权益资金的增加需求后，剩余部分用以发放股利。

以知促行

海河公司 2022 年的税后净利润为 1 600 万元，2023 年的投资计划需要资金 700 万元。公司目标资本结构为权益资本占 60%，债务资本占 40%。假设公司当年流通在外的普通股为 1 180 万股。公司拟采用剩余股利政策。

要求：

（1）请计算该公司 2023 年度投资计划所需的权益资本；

（2）请计算该公司 2022 年度拟分配的股利金额；

（3）请计算该公司 2022 年度每股股利。

计算如下。

（1）按照目标资本结构的要求，2023 年度该公司投资计划所需的权益资本＝700×60%＝420（万元）。

（2）按照剩余股利政策的要求，该公司 2022 年度可以向投资者分配的股利金额＝1 600-420＝1 180（万元）。

（3）2022 年度每股股利＝1 180÷1 180＝1（元/股）。

（二）剩余股利政策的优缺点

剩余股利政策的优点：留存收益优先满足再投资的需要，有助于降低再投资的资金成本，保持最佳的资本结构，实现企业价值的长期最大化。

剩余股利政策的缺点：若完全遵照剩余股利政策执行，股利发放额就会每年随着投资机会和盈利水平的波动而波动。在盈利水平不变的前提下，股利发放额与投资机会的多寡呈反方向变动；而在投资机会维持不变的情况下，股利发放额将与公司盈利呈同方向波动。剩余股利政策不利于投资者安排收入与支出，也不利于公司树立良好的形象，一般适用于公司初创阶段。

课堂小测试

（判断题）理想集团公司董事会提出"公司发展阶段属成长期且有重大资金支出安排，进行利润分配时，现金分红在当次利润分配中所占比例最低应达到 20%"，该观点体现了剩余股利政策的基本思想。（　　　）

二、固定或稳定增长的股利政策

固定或稳定增长的股利政策下，企业将每年派发的股利固定在某一特定水平或是在此基础上维持某一固定比率逐年稳定增长。因此，只有在确信企业未来的盈利增长不会发生逆转时，企业才会宣布实施固定或稳定增长的股利政策。在固定或稳定增长的股利政策下，首先确定的是股利分配额，而且该分配额一般不随资金需求的波动而波动。

（一）优点

（1）固定或稳定增长的股利政策可以传递给股票市场和投资者一个企业经营状况稳定、管理层对未来充满信心的信号。这有利于企业在资本市场上树立良好的形象、增强投资者对企业未来发展的信心，进而有利于稳定企业股价。

（2）固定或稳定增长的股利政策，有利于吸引那些打算做长期投资的股东。这部分股东希望其投资所获的股利能够成为其稳定的收入来源，以便安排各种经常性的消费和其他支出。

（二）缺点

（1）固定或稳定增长的股利政策下，股利分配金额固定不变或只升不降，股利支付与企业盈利水平脱离。在企业资金紧张的情况下，仍要按固定或是固定增长比率派发股利，有可能会使企业陷入财务危机。

（2）在企业的发展过程中，难免会出现经营状况不好或短暂的困难时期，如果这时仍执行固定或稳定增长的股利政策，那么派发的股利金额将大于企业实现的盈利，这必将侵蚀企业的留存收益，甚至侵蚀企业现有的资本，最终影响企业正常的生产经营活动。

所以，固定或稳定增长的股利政策一般适用于经营比较稳定或正处于成长期的企业。但是，它很难被长期采用。

以知促行

北海公司 2022 年的税后净利润为 1 600 万元，2023 年的投资计划需要资金 700 万元。公司目标资本结构中权益资本占 60%，债务资本占 40%。假设该公司当年流通在外的普通股为 1 180 万股，2021 年分配的股利金额为 800 万元。公司拟采用固定股利政策。

　　要求：

（1）请计算该公司 2022 年度拟分配的股利；

（2）请计算该公司 2022 年度每股股利；

（3）请计算该公司当年的留存收益能否满足投资计划的资金需求。

计算如下。

（1）该公司 2022 年度拟分配股利＝上年分配的现金股利＝800 万元。

（2）该公司 2022 年度每股股利＝800÷1 180＝0.68（元/股）。

（3）该公司当年的留存收益＝1 600-800＝800（万元）。

　　该公司按固定股利政策分配股利后还有 800 万元的留存收益，所以能满足投资计划投资的资金需求。

三、固定股利支付率政策

固定股利支付率政策下，企业将每年净收益的某一固定百分比作为股利分派给股东。这一百分比通常称为股利支付率，股利支付率一经确定，一般不得随意变更。在这一股利政策下，只要企业的税后利润一经确定，所派发的股利也就确定了。股利支付率越高，企业留存收益越少。

（一）优点

（1）采用固定股利支付率政策，股利与企业盈余紧密地配合，体现了"多盈多分、少盈少分、无盈不分"的利润分配原则。

（2）采用固定股利支付率政策，企业每年按固定的比例从税后利润中支付现金股利，从企业支付能力的角度看，这是一种稳定的股利政策。

（二）缺点

（1）股利支付水平会随着企业盈利水平的变化而变化。大多数企业每年的收益很难保持稳定不变，如果企业每年收益状况不同，固定股利支付率政策将导致企业每年股利分配额呈现出频繁变化。波动的股利向市场传递的是企业未来收入前景不明确、不可靠等信息，很容易给投资者留下企业经营状况不稳定、投资风险较大的不良印象。

（2）容易使企业面临较大的财务压力。在权责发生制的核算原则下，企业盈利水平高，并不一定代表企业有充足的现金派发股利。因此，如果企业的现金流量状况不稳定，而采用固定比率派发股利，就很容易给企业造成较大的财务压力。

（3）合适的股利支付率的确定难度大。如果股利支付率确定得较低，不能满足投资者对投资收入的要求；股利支付率确定得较高，又会给企业带来巨大的财务压力，尤其当企业发展需要大量资金时，将会进一步加大其财务负担。

企业每年面临的投资机会、筹资渠道都会发生变化，一成不变地按固定比率发放股利的企业在实际中并不多见。固定股利支付率政策比较适合于那些处于稳定发展阶段且财务状况也较稳定的企业。

> **以知促行**
>
> 　　理想公司长期以来采用固定股利支付率政策进行股利分配，确定的股利支付率为 40%。2022 年，该公司的税后利润为 1 000 万元。如果公司继续执行固定股利支付率政策，计算该公司本年度将要支付的股利。
>
> 　　该公司本年度将要支付的股利=1 000×40%=400（万元）。

四、低正常股利加额外股利政策

低正常股利加额外股利政策下，企业事先设定一个较低的正常股利额，每年除了按正常股利额向股东发放现金股利外，在企业盈利情况较好、资金较为充裕的年度向股东发放额外股利，但是，额外股利并不是每年固定支付的。

（一）优点

（1）具有较大的灵活性。企业每年可以根据其具体情况，确定不同的额外股利发放水平，具有较大的灵活性和弹性。

（2）可以吸引有股利偏好的股东进行长期投资。采用低正常股利政策可以使股东每年得到比较稳定的股利收入，从而吸引住这一部分投资者。

（二）缺点

（1）盈利波动使得企业额外股利不断发生变化，时有时无，容易给投资者造成企业收益不稳定的感觉。

（2）当企业在较长时期持续发放额外股利后，可能会被股东误认为是

"正常股利"，而一旦取消了这部分额外股利，可能会使股东认为这是企业财务状况恶化的表现，进而可能会引起企业股价下跌的不良后果。

所以，低正常股利加额外股利政策一般适用于盈利水平随着经济周期有较大波动的企业或者盈利与现金流量很不稳定的企业。

各种股利政策在执行过程中，各有其利弊。企业应结合自身的实际情况采取切合实际的股利政策。企业在制定股利政策时，应将股利政策的稳定性放在首位，在既要保证企业发展所需资金，又要保护股东利益的前提下，选择恰当的股利政策。

课堂小测试

（单选题）盈利水平随着经济周期有较大波动的公司或行业适用的股利政策是（　　　　）。

A. 剩余股利政策

B. 固定股利政策

C. 固定股利支付率政策

D. 低正常股利加额外股利政策

情境案例

赚 5.5 亿元却分红 30 亿元，江铃汽车"真实力"还是"充胖子"？

江铃汽车在 2020 年报中公告，将一次性大手笔斥资 30 亿元给股东们分红（拟每 10 股派发现金 34.76 元，总股本为 8.63 亿股），引发了外界的关注。

2020 年报显示，江铃汽车前十大股东合计持有 80%股份，其中大股东南昌市江铃投资有限公司持有股份 41%，将获得分红 12.31 亿元，第二大股东福特汽车持有股份 32%，将获得分红 9.6 亿元，前两大股东合计分红就超 20 亿元。

从这一点来看，不能排除分红目的是让大股东变相套现的嫌疑。

但是，有些资深的投资者则一针见血地指出，醉翁之意在于抬高股价，为新一轮融资做准备。在 3 月 29 日和 30 日这两天，江铃汽车股价就连续触发两个涨停板。

面对外界的质疑，江铃汽车官方给出的解释是：2020 年年底的现金余额为 111.22 亿元，未分配利润 88.64 亿元，现金储备较为充裕，且未来一个时期整体营运现金流仍然能够保持强健，因此，董事会拟定高额派息预案回报包括中小股东在内的全体股东。其实，对上市公司来说，分不分红跟公司的成长性并没有直接关系。不分红的原因是钱留在公司里再投资进行运作，远比分给股东能赚得更多，而股东如果需要现金，卖掉一点股票就可以了。

有实力的上市公司不会把精力放在资本市场上搞小动作，而是专注于提升自己的竞争力。高分红并不意味着高回报，尤其是对中小股东而言。中小股东虽然分红比较高，但投资成本更高，因此，高分红实际上还是低回报。上市公司的高分红往往不是出于对中小股东利益的考虑，而是站在大股东利益的角度考虑的。公司应该是全体股东的公司，上市公司分红应该从全体股东的利益出发，树立起回报全体股东的责任意识，这样才不违背对全体股东的诚实守信义务，也才能促进公司的和谐发展。

五、股利支付的影响因素

股利支付水平通常用股利支付率来衡量。股利支付率是当年发放的股利与当年净利润之比，或者以每股股利除以每股收益计算。

是否对股东派发股利以及股利支付率的确定，取决于企业对下列因素的权衡，具体如图 6-3 所示。

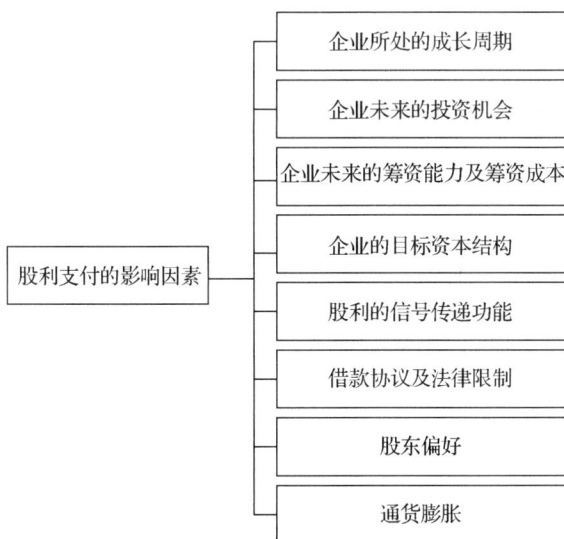

图 6-3　股利支付的影响因素

股权激励机制

所谓股权激励，是一种职业经理人通过一定形式获取公司一部分股权的长期性激励制度，使经理人能够以股东的身份参与公司决策、分享利润、承担风险，从而勤勉尽责地为公司的长期发展服务。

在国际上，股权激励计划是上市公司比较普遍的做法。一般认为，股权激励计划可以把职业经理人及股东的长远利益与公司的长期发展结合在一起，可以一定程度防止经理人的短期经营行为，以及防范"内部人控制"等侵害股东利益的行为。

此外，现代企业理论和国外实践证明，股权激励对于改善公司治理结构、降低代理成本、提升管理效率、增强公司凝聚力和市场竞争力起到了非常积极的作用。

股权激励包括股票期权、员工持股计划、限制性股票激励计划和管理层收购。股权激励机制的重要形式之一是股票期权计划。

股票期权是指股份有限公司赋予激励对象（如经理人员）在未来某一特定日期内以预先确定的价格和条件购买公司一定数量股份的选择权。持有这种权利的经理人可以按照特定价格购买公司一定数量的股票，也可以放弃购买股票的权利，但股票期权本身不可转让。股票期权实质上是公司给予激励对象的一种激励报酬，但是否能取得该报酬则取决于以经理人为首的相关人员是否通过努力实现公司的目标。

任务三 股票分割与股票回购的决策

任务描述

了解股票分割与股票回购。

相关知识

一、股票分割

股票分割又称股票拆细，即将一股股票拆分成多股股票的行为。股票分割对企业的资本结构不会产生任何影响，一般只会使发行在外的股票总数增加。与股票股利不同，股票分割后，资产负债表中股东权益各项目的余额与结构都保持不变，股东权益的总额也保持不变。

情境案例

　　北海公司 2022 年流通在外的普通股为 2 000 万股，每股面值 10 元。公司拟按 1 : 2 进行股票分割，即每 1 股拆分成 2 股，每股面值将降为 5 元。则公司在分割前、分割后的所有者权益项目如表 6-4 所示。

表 6-4　股票分割对所有者权益的影响

所有者权益项目	分割前	分割后
普通股股数/万股	2 000	2 000×2 = 4 000
普通股/万元	20 000	2 000×2×5 = 20 000
资本公积/万元	5 000	5 000
盈余公积/万元	3 000	3 000
未分配利润/万元	3 000	3 000
股东权益合计/万元	31 000	31 000
每股净资产/元	31 000÷2 000= 15.5	31 000÷4 000 = 7.75

　　从表 6-4 中可以看出，进行股票分割后企业所有者权益各项目均没有发生变化，但是会引起股数增加，从而会引起每股净资产下降，这也将引起股票价格下降。

　　股票分割具有以下作用。

　　（1）降低股票价格。股票分割会使流通中的股数增加，从而使每股净资产下降，每股市价下降，从而促进股票的流通和交易。同时，股票分割带来的股票流通性的提高和股东数量的增加，会在一定程度上加大投资者对企业恶意收购的难度。

　　（2）可以向投资者传递企业发展前景良好的信息。流通在外的普通股股数增加，容易给人一种"企业正处于持续发展"的印象。它可以向投资者传递企业发展前景良好的信息，有助于提高投资者对企业的信心。

　　（3）股票分割可以为企业发行新股做准备。企业股票价格太高，会使许多潜在的投资者趋于谨慎而不敢轻易对企业的股票进行投资。因此，在新股发行之前，利用股票分割降低股票价格，可以促进新股的发行。

想一想

股票股利和股票分割有何异同？

二、股票回购

股票回购，是指上市企业出资将其发行的流通在外的股票以一定价格购买回来予以注销或作为库存股的一种资本运作方式。

《公司法》第一百四十二条规定："公司不得收购本公司股份。但是，有下列情形之一的除外：（一）减少公司注册资本；（二）与持有本公司股份的其他公司合并；（三）将股份用于员工持股计划或者股权激励；（四）股东因对股东大会作出的公司合并、分立决议持异议，要求公司收购其股份；（五）将股份用于转换上市公司发行的可转换为股票的公司债券；（六）上市公司为维护公司价值及股东权益所必需。"

（一）股票回购的动机

在资本市场上，股票回购的动机主要有以下几点。

1. 优化企业资本结构

在企业认为权益资本在资本结构中所占比例较大时，会为了优化资本结构而进行股票回购，从而在一定程度上降低企业资本成本，并且可以提高净资产报酬率。

2. 稳定或提高企业的股价

由于信息不对称和预期差异，资本市场上的企业股票价格可能被低估，而过低的股价将会对企业产生负面影响。因此，如果企业认为其股价被过分低估时，可以通过股票回购，向市场和投资者传递企业真实的投资价值信息，从而达到稳定或提高企业股价的目的。

3. 基于控制权的考虑

控股股东为了保证其控制权不被改变，往往采取直接或间接的方式回购股票，从而巩固既有的控制权。另外，股票回购可以使企业流通在外的股份数变少，促使企业股价上升，从而使收购方要获得控制企业的法定股份比例变得更加困难。

（二）股票回购的影响

股票回购对上市企业及股东的影响主要表现在以下两个方面。

1. 股票回购对上市企业的影响

股票回购需要大量资金支付回购的成本，形成巨额资金流出；同时，股本的减少，在一定程度上削弱了对债权人利益的保障。另外，股票回购一般以溢价方式进行，虽然能满足大部分股东的投资收入需求，但有可能会损害企业的根本利益。股票回购容易导致企业或他人利用内幕消息进行炒作，或操纵财务信息，加剧企业行为的非规范化，使投资者蒙受损失。

2. 股票回购对股东的影响

对投资者来说，与现金股利相比，股票回购不仅可以节约个人税收，而且具有更大的灵活性。因为需要现金的股东可以选择卖出股票，而不需要现金的股东则可继续持有股票。但是，假如回购价格过高，则回购结束后企业股价将会出现回归性的下降，这样对继续持有股票的股东不利。

（三）股票回购的方式

股票回购包括公开市场回购、要约回购及协议回购三种方式。

1. 公开市场回购

公开市场回购，是指企业在股票的公开交易市场上按照企业股票当前市场价格回购股票。采取这种方式容易推高股价，增加回购成本，而且交易税费和交易佣金会大大增加企业回购成本。

2. 要约回购

要约回购是指企业在特定期间向市场发出的以高出股票当前市场价格的某一价格，回购既定数量股票的要约。这种方式赋予所有股东向企业出售其所持股票的均等机会。要约回购通常被市场认为是更积极的信号，因为要约价格存在高出股票当前价格的溢价。当然，溢价的存在，也使得要约回购的执行成本较高。

3. 协议回购

协议回购是指企业以协议价格直接向一个或几个主要股东回购股票。协议价格一般低于当前的股票市场价格,尤其是在卖方首先提出的情况下。有时企业也以超常溢价向其认为有潜在威胁的非控股股东回购股票,显然这将损害继续持有股票的股东的利益。

📋 课堂小测试

(多选题)2016 年 8 月首度宣布 25 亿美元回购计划后,汇丰股价在 4 个月内累升 30%。关于公司的股票回购,下列说法中,正确的有(　　　)。

- A. 向市场传递股价被低估的信号,可以稳定公司股价
- B. 减少外部流通股股数,可以降低被收购的风险
- C. 可以达到增厚每股利润等指标的效果
- D. 股票回购注销后,若负债水平不变,会提高资产负债率

🔍 素养贴士

幸福生活都是奋斗出来的,共同富裕要靠勤劳智慧来创造。一勤天下无难事,伟大梦想不是等得来、喊得来的,而是拼出来、干出来的。共同富裕不会自动到来,美好生活也不会从天而降,而是要在大家的苦干实干中实现。在通往共同富裕的道路上,奋斗是亮丽的底色,也唯有共同奋斗、不懈奋斗才能实现共同富裕。

📖 案例与思考

麦当劳的股票回购

麦当劳是一家快餐公司,是全球零售食品服务业龙头。1955 年,全球第一家麦当劳餐厅由创始人雷·克罗克(Ray Kroc)在美国伊利诺伊州芝加哥德斯普兰斯市创立。麦当劳在全球有近四万家麦当劳餐厅,

每天为 100 多个国家和地区的顾客提供高品质的食品与服务。麦当劳在 Brandz 全球最具价值品牌排行榜连续十三年排名前十。2020 年，麦当劳在该榜单排名第九，是榜单前十强中唯一的餐饮服务企业，品牌价值超过 1 293.21 亿美元。

麦当劳 2010—2019 年的股票回购如表 6-5 所示。

表 6-5　麦当劳 2010—2019 年股票回购金额

单位：亿美元

年份	2010	2011	2012	2013	2014	2015	2016	2017	2018	2019
金额	26.48	64.02	26.23	18.11	31.75	84.83	111.41	46.51	52.78	49.88

从表 6-5 的数据可以看到，麦当劳几乎每年都进行超十亿美元的回购，2016 年回购金额高达 111.41 亿美元。2020 年，受到客观条件的影响，麦当劳业绩大幅下滑，暂停股票回购计划，并通过债务市场筹集大额资金来增加现金流；2021 年麦当劳收益好转，2021 年 9 月公司表示，将重新启动股票回购计划。

除了每年大量回购公司股票外，麦当劳从 1976 年开始，每年还会进行现金分红。

虽然美国大量上市公司长期进行股票回购引发了诸多争议，但其长期存在，并给上市公司和美国股市带来了很多积极影响，麦当劳就是其中的一个典型。

请思考： 麦当劳为何会常年进行股票回购？

从麦当劳近年来的财务数据中可以看到，其收入、利润和现金流非常稳定，即便是在金融危机期间也取得了非常好的收入和利润。但其已经是行业龙头企业，市场份额进一步大幅提升的可能性非常小，结合前述股票回购动机的相关理论，可以看出麦当劳回购股票的主要动机有：公司盈利稳定，有大量自由现金流需要回馈给股东，比起现金股利，资本利得的个人所得税更低，用股票回购部分替代现金股利，可以增加股东的实际财富；麦当劳制定了激励员工的股票期权计划，回购的股票将部分用于未来员工行权时的交易；增加交易量的同时减少流通在外的股票数量，提高每股收益和公司整体的净资产收益率，拉动公司股价的上涨；利用货币宽松政策和低利率市场环境，充分发挥举债的财务杠杆的作用。

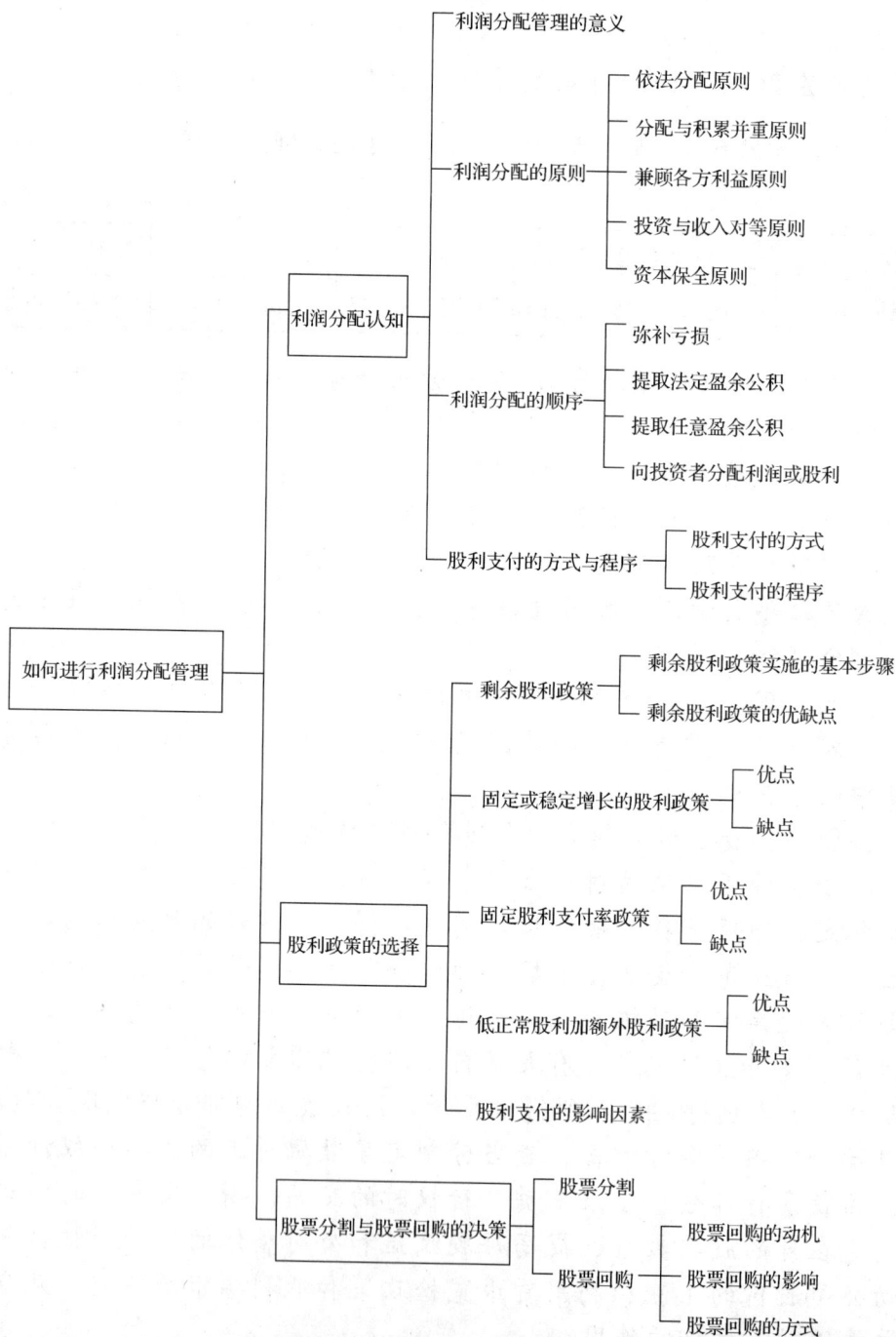

项目小结

```
如何进行利润分配管理
├─ 利润分配认知
│   ├─ 利润分配管理的意义
│   ├─ 利润分配的原则
│   │   ├─ 依法分配原则
│   │   ├─ 分配与积累并重原则
│   │   ├─ 兼顾各方利益原则
│   │   ├─ 投资与收入对等原则
│   │   └─ 资本保全原则
│   ├─ 利润分配的顺序
│   │   ├─ 弥补亏损
│   │   ├─ 提取法定盈余公积
│   │   ├─ 提取任意盈余公积
│   │   └─ 向投资者分配利润或股利
│   └─ 股利支付的方式与程序
│       ├─ 股利支付的方式
│       └─ 股利支付的程序
├─ 股利政策的选择
│   ├─ 剩余股利政策
│   │   ├─ 剩余股利政策实施的基本步骤
│   │   └─ 剩余股利政策的优缺点
│   ├─ 固定或稳定增长的股利政策
│   │   ├─ 优点
│   │   └─ 缺点
│   ├─ 固定股利支付率政策
│   │   ├─ 优点
│   │   └─ 缺点
│   ├─ 低正常股利加额外股利政策
│   │   ├─ 优点
│   │   └─ 缺点
│   └─ 股利支付的影响因素
└─ 股票分割与股票回购的决策
    ├─ 股票分割
    └─ 股票回购
        ├─ 股票回购的动机
        ├─ 股票回购的影响
        └─ 股票回购的方式
```

技能训练

一、单项选择题

1. 根据《公司法》及相关法律制度的规定，公司净利润的分配应按一定的顺序进行，利润分配的第一步应该是（　　　）。
   - A. 提取法定盈余公积
   - B. 提取任意盈余公积
   - C. 向投资者分配利润
   - D. 弥补以前年度亏损

2. 下列关于股票分割与股票股利共同点的说法中，正确的是（　　　）。
   - A. 每股市价降低
   - B. 股东权益总额增加
   - C. 股东权益内部结构改变
   - D. 每股面值降低

3. 下列关于股票股利和股票分割的说法中，错误的是（　　　）。
   - A. 均会导致普通股股数增加
   - B. 均会导致每股收益下降
   - C. 均会导致股东权益内部结构变化
   - D. 均不影响股东权益总额

4. 下列各项中，正确反映公司净利润分配顺序的是（　　　）。
   - A. 提取法定盈余公积、提取任意盈余公积、弥补以前年度亏损、向投资者分配股利
   - B. 向投资者分配股利、弥补以前年度亏损、提取法定盈余公积、提取任意盈余公积
   - C. 弥补以前年度亏损、向投资者分配股利、提取法定盈余公积、提取任意盈余公积
   - D. 弥补以前年度亏损、提取法定盈余公积、提取任意盈余公积、向投资者分配股利

5. 某公司目标资本结构要求权益资本占 55%，2020 年的净利润为 2 500 万元，预计 2021 年投资所需资金为 3 000 万元。按照剩余股利政策，2020 年可发放的现金股利为（　　　）。
   - A. 850 万元
   - B. 1 150 万元
   - C. 1 375 万元
   - D. 1 125 万元

6. 下列股利政策中，有利于保持企业最佳资本结构的是（　　　）。

A. 固定股利政策

B. 剩余股利政策

C. 固定股利支付率政策

D. 低正常股利加额外股利政策

7. 企业采用剩余股利政策的根本理由是（　　　）。

A. 最大限度用收益满足筹资需要

B. 向市场传达企业不断发展的信息

C. 使企业保持理想的资本结构

D. 使企业在资金使用上具有较大的灵活性

8. 企业采用固定股利政策发放股利的好处主要表现为（　　　）。

A. 降低资本成本　　　　　　　B. 维持股价稳定

C. 提高支付能力　　　　　　　D. 实现资本保全

9. 下列各项政策中，最能体现"多盈多分、少盈少分、无盈不分"股利分配原则的是（　　　）。

A. 剩余股利政策

B. 低正常股利加额外股利政策

C. 固定股利支付率政策

D. 固定或稳定增长的股利政策

10. 以下股利政策中，最有利于股价稳定的是（　　　）。

A. 剩余股利政策

B. 固定股利政策

C. 固定股利支付率政策

D. 低正常股利加额外股利政策

二、多项选择题

1. 利润分配应当遵循的原则包括（　　　）。

A. 依法分配原则

B. 分配与积累并重原则

C. 兼顾各方利益原则

D. 投资与收入对等原则

2. 股票股利，是公司以支付股票的形式发放的股利。下列各项中，属于发放股票股利带来的影响的有（　　　）。

  A. 改变所有者权益内部结构

  B. 增加流通在外的普通股数量

  C. 提高资产负债率

  D. 降低每股收益

3. 公司进行股票回购的动机包括（ ）。

  A. 传递股价被低估的信息

  B. 降低财务风险

  C. 替代现金股利

  D. 抵御被敌意收购

4. 下列各项中，属于剩余股利政策优点的有（ ）。

  A. 保持目标资本结构

  B. 降低再投资资本成本

  C. 使股利与企业盈余紧密结合

  D. 实现企业价值的长期最大化

5. 公司基于不同的考虑会采用不同的股利政策。采用剩余股利政策的公司更多地关注（ ）。

  A. 盈余的稳定性

  B. 公司资产的流动性

  C. 投资机会

  D. 资本成本

6. 下列各项中，属于固定或稳定增长的股利政策优点的有（ ）。

  A. 稳定的股利有利于稳定股价

  B. 稳定的股利有利于树立公司的良好形象

  C. 稳定的股利使股利与公司盈余密切挂钩

  D. 稳定的股利有利于优化公司资本结构

7. 下列各项股利政策中，股利水平与当期盈利直接关联的有（ ）。

  A. 固定股利政策

  B. 稳定增长股利政策

  C. 固定股利支付率政策

  D. 低正常股利加额外股利政策

8. 下列各项中，影响股利支付的因素有（ ）。

  A. 法律因素

  B. 股东因素

    C. 公司因素

    D. 其他因素

9. 下列关于发放股票股利的表述中，正确的有（　　　）。

    A. 不会导致公司现金流出

    B. 会增加公司流通在外的股票数量

    C. 会改变公司股东权益的内部结构

    D. 给股东带来纳税上的好处

10. 假设某股份有限公司按照 1∶2 的比例进行股票分割，下列说法正确的有（　　　）。

    A. 股本总额增加一倍

    B. 每股净资产保持不变

    C. 股东权益总额保持不变

    D. 股东权益内部结构保持不变

三、判断题

1. 公司存在以前年度未弥补的亏损，只能用当年实现的净利润来弥补。（　　）

2. 当年法定盈余公积的累计额已达注册资本的 30%时，可以不再提取。（　　）

3. 股票股利是公司以增发本公司股票或以公司所拥有的其他公司股票支付的股利。（　　）

4. 股票回购可以看作现金股利的替代。（　　）

5. 采用剩余股利政策，在有投资机会时，公司偏向用留存收益进行筹资。（　　）

6. 某公司目标资本结构要求权益资本占 60%，2020 年的净利润为 2 000 万元，预计 2021 年的投资需求为 1 000 万元。按照剩余股利政策，2020 年可发放的现金股利为 1 400 万元。（　　）

7. 当公司处于经营稳定或成长期，对未来的盈利和支付能力可做出准确判断并具有足够把握时，可以考虑采用稳定增长的股利政策，增强投资者信心。（　　）

8. 固定股利支付率政策下，各年的股利随着收益的波动而波动，容易给投资者带来公司经营状况不稳定的印象。（　　）

9. 与固定股利政策相比，低正常股利加额外股利政策赋予公司股利发

放的灵活性。　　　　　　　　　　　　　　　　　　　　　　（　　　）

10. 根据"无利不分"原则，当公司出现年度亏损时，一般不进行利润分配。　　　　　　　　　　　　　　　　　　　　　　　　　（　　　）

四、计算分析题

1. A 公司 2021 年末股东权益各账户情况如表 6-6 所示。

表 6-6　股东权益各账户情况

单位：万元

项目	金额
股本（均为普通股，每股面值 1 元）	1 000
资本公积	2 500
盈余公积	1 200
未分配利润	4 000
股东权益合计	8 700

该公司以 2021 年末普通股股数为基础分配现金股利（每股 0.14 元）和股票股利（每 10 股送 3 股，按市价 5 元计算）。发放股利前，投资者王某持有该公司普通股 10 万股。

要求：

（1）计算股利发放后，A 公司股东权益各账户金额；（计算过程和结果填入表 6-7 中）。

表 6-7　股利发放后股东权益各账户情况

单位：万元

项目	金额
股本	
资本公积	
盈余公积	
未分配利润	
股东权益合计	

（2）计算王某获得的现金股利金额，并计算说明股利发放前后其持股

比例是否变化。

2. ABC 公司是一家高科技上市公司，2020 年实现净利润为 1 000 万元，当年分配现金股利 550 万元，2021 年实现的净利润为 1 100 万元（不考虑计提法定盈余公积等其他因素）。2022 年只投资一个新项目，预计投资额为 800 万元。

要求：

（1）如果公司执行固定股利政策，计算 2021 年度应分配的现金股利及股利支付率；

（2）如果公司执行固定股利支付率政策，计算 2021 年度应分配的现金股利及股利支付率；

（3）如果公司采用剩余股利政策，目标资本结构是负债/权益=2/3，计算 2021 年度应分配的现金股利及股利支付率；

（4）如果公司采用低正常股利加额外股利政策，低正常股利为 120 万元，额外股利为 2021 年净利润扣除低正常股利后的余额的 15%，计算 2021 年度应分配的现金股利及股利支付率；

（5）假设公司 2022 年初面临外部融资困难，只能从内部取得筹资额，计算 2021 年度应分配的现金股利及股利支付率。

附录 A 复利终值系数表

期数	1%	2%	3%	4%	5%	6%	7%	8%	9%	10%	11%	12%
1	1.010 0	1.020 0	1.030 0	1.040 0	1.050 0	1.060 0	1.070 0	1.080 0	1.090 0	1.100 0	1.110 0	1.120 0
2	1.020 1	1.040 4	1.060 9	1.081 6	1.102 5	1.123 6	1.144 9	1.166 4	1.188 1	1.210 0	1.232 1	1.254 4
3	1.030 3	1.061 2	1.092 7	1.124 9	1.157 6	1.191 0	1.225 0	1.259 7	1.295 0	1.331 0	1.367 6	1.404 9
4	1.040 6	1.082 4	1.125 5	1.169 9	1.215 5	1.262 5	1.310 8	1.360 5	1.411 6	1.464 1	1.518 1	1.573 5
5	1.051 0	1.104 1	1.159 3	1.216 7	1.276 3	1.338 2	1.402 6	1.469 3	1.538 6	1.610 5	1.685 1	1.762 3
6	1.061 5	1.126 2	1.194 1	1.265 3	1.340 1	1.418 5	1.500 7	1.586 9	1.677 1	1.771 6	1.870 4	1.973 8
7	1.072 1	1.148 7	1.229 9	1.315 9	1.407 1	1.503 6	1.605 8	1.713 8	1.828 0	1.948 7	2.076 2	2.210 7
8	1.082 9	1.171 7	1.266 8	1.368 6	1.477 5	1.593 8	1.718 2	1.850 9	1.992 6	2.143 6	2.304 5	2.476 0
9	1.093 7	1.195 1	1.304 8	1.423 3	1.551 3	1.689 5	1.838 5	1.999 0	2.171 9	2.357 9	2.558 0	2.773 1
10	1.104 6	1.219 0	1.343 9	1.480 2	1.628 9	1.790 8	1.967 2	2.158 9	2.367 4	2.593 7	2.839 4	3.105 8
11	1.115 7	1.243 4	1.384 2	1.539 5	1.710 3	1.898 3	2.104 9	2.331 6	2.580 4	2.853 1	3.151 8	3.478 5
12	1.126 8	1.268 2	1.425 8	1.601 0	1.795 9	2.012 2	2.252 2	2.518 2	2.812 7	3.138 4	3.498 5	3.896 0
13	1.138 1	1.293 6	1.468 5	1.665 1	1.885 6	2.132 9	2.409 8	2.719 6	3.065 8	3.452 3	3.883 3	4.363 5
14	1.149 5	1.319 5	1.512 6	1.731 7	1.979 9	2.260 9	2.578 5	2.937 2	3.341 7	3.797 5	4.310 4	4.887 1
15	1.161 0	1.345 9	1.558 0	1.800 9	2.078 9	2.396 6	2.759 0	3.172 2	3.642 5	4.177 2	4.784 6	5.473 6
16	1.172 6	1.372 8	1.604 7	1.873 0	2.182 9	2.540 4	2.952 2	3.425 9	3.970 3	4.595 0	5.310 9	6.130 4
17	1.184 3	1.400 2	1.652 8	1.947 9	2.292 0	2.692 8	3.158 8	3.700 0	4.327 6	5.054 5	5.895 1	6.866 0
18	1.196 1	1.428 2	1.702 4	2.025 8	2.406 6	2.854 3	3.379 9	3.996 0	4.717 1	5.559 9	6.543 6	7.690 0
19	1.208 1	1.456 8	1.753 5	2.106 8	2.527 0	3.025 6	3.616 5	4.315 7	5.141 7	6.115 9	7.263 3	8.612 8
20	1.220 2	1.485 9	1.806 1	2.191 1	2.653 3	3.207 1	3.869 7	4.661 0	5.604 4	6.727 5	8.062 3	9.646 3
21	1.232 4	1.515 7	1.860 3	2.278 8	2.786 0	3.399 6	4.140 6	5.033 8	6.108 8	7.400 2	8.949 2	10.803 8
22	1.244 7	1.546 0	1.916 1	2.369 9	2.925 3	3.603 5	4.430 4	5.436 5	6.658 6	8.140 3	9.933 6	12.100 3
23	1.257 2	1.576 9	1.973 6	2.464 7	3.071 5	3.819 7	4.740 5	5.871 5	7.257 9	8.954 3	11.026 3	13.552 3
24	1.269 7	1.608 4	2.032 8	2.563 3	3.225 1	4.048 9	5.072 4	6.341 2	7.911 1	9.849 7	12.239 2	15.178 6
25	1.282 4	1.640 6	2.093 8	2.665 8	3.386 4	4.291 9	5.427 4	6.848 5	8.623 1	10.834 7	13.585 5	17.000 1
26	1.295 3	1.673 4	2.156 6	2.772 5	3.555 7	4.549 4	5.807 4	7.396 4	9.399 2	11.918 2	15.079 9	19.040 1
27	1.308 2	1.706 9	2.221 3	2.883 4	3.733 5	4.822 3	6.213 9	7.988 1	10.245 1	13.110 0	16.738 6	21.324 9
28	1.321 3	1.741 0	2.287 9	2.998 7	3.920 1	5.111 7	6.648 8	8.627 1	11.167 1	14.421 0	18.579 9	23.883 9
29	1.334 5	1.775 8	2.356 6	3.118 7	4.116 1	5.418 4	7.114 3	9.317 3	12.172 2	15.863 1	20.623 7	26.749 9
30	1.347 8	1.811 4	2.427 3	3.243 4	4.321 9	5.743 5	7.612 3	10.062 7	13.267 7	17.449 4	22.892 3	29.959 9
31	1.361 3	1.847 6	2.500 1	3.373 1	4.538 0	6.088 1	8.145 1	10.867 7	14.461 8	19.194 3	25.410 4	33.555 1
32	1.374 9	1.884 5	2.575 1	3.508 1	4.764 9	6.453 4	8.715 3	11.737 1	15.763 3	21.113 8	28.205 6	37.581 7
33	1.388 7	1.922 2	2.652 3	3.648 4	5.003 2	6.840 6	9.325 3	12.676 0	17.182 0	23.225 2	31.308 2	42.091 5
34	1.402 6	1.960 7	2.731 9	3.794 3	5.253 3	7.251 0	9.978 1	13.690 1	18.728 4	25.547 7	34.752 1	47.142 5
35	1.416 6	1.999 9	2.813 9	3.946 1	5.516 0	7.686 1	10.676 6	14.785 3	20.414 0	28.102 4	38.574 9	52.799 6
36	1.430 8	2.039 9	2.898 3	4.103 9	5.791 8	8.147 3	11.423 9	15.968 2	22.251 2	30.912 7	42.818 1	59.135 6
37	1.445 1	2.080 7	2.985 2	4.268 1	6.081 4	8.636 1	12.223 6	17.245 6	24.253 8	34.003 9	47.528 1	66.231 8
38	1.459 5	2.122 3	3.074 8	4.438 8	6.385 5	9.154 3	13.079 3	18.625 3	26.436 7	37.404 3	52.756 2	74.179 7
39	1.474 1	2.164 7	3.167 0	4.616 4	6.704 8	9.703 5	13.994 8	20.115 3	28.816 0	41.144 8	58.559 3	83.081 2
40	1.488 9	2.208 0	3.262 0	4.801 0	7.040 0	10.285 7	14.974 5	21.724 5	31.409 4	45.259 3	65.000 9	93.051 0
41	1.503 8	2.252 2	3.359 9	4.993 1	7.392 0	10.902 9	16.022 7	23.462 5	34.236 3	49.785 2	72.151 0	104.217 1
42	1.518 8	2.297 2	3.460 7	5.192 8	7.761 6	11.557 0	17.144 3	25.339 5	37.317 5	54.763 7	80.087 6	116.723 1
43	1.534 0	2.343 2	3.564 5	5.400 5	8.149 7	12.250 5	18.344 4	27.366 6	40.676 1	60.240 1	88.897 2	130.729 9
44	1.549 3	2.390 1	3.671 5	5.616 5	8.557 2	12.985 5	19.628 5	29.556 0	44.337 0	66.264 1	98.675 9	146.417 5
45	1.564 8	2.437 9	3.781 6	5.841 2	8.985 0	13.764 6	21.002 5	31.920 4	48.327 3	72.890 5	109.530 2	163.987 6

期数	13%	14%	15%	16%	17%	18%	19%	20%	21%	22%
1	1.130 0	1.140 0	1.150 0	1.160 0	1.170 0	1.180 0	1.190 0	1.200 0	1.210 0	1.220 0
2	1.276 9	1.299 6	1.322 5	1.345 6	1.368 9	1.392 4	1.416 1	1.440 0	1.464 1	1.488 4
3	1.442 9	1.481 5	1.520 9	1.560 9	1.601 6	1.643 0	1.685 2	1.728 0	1.771 6	1.815 8
4	1.630 5	1.689 0	1.749 0	1.810 6	1.873 9	1.938 8	2.005 3	2.073 6	2.143 6	2.215 3
5	1.842 4	1.925 4	2.011 4	2.100 3	2.192 4	2.287 8	2.386 4	2.488 3	2.593 7	2.702 7
6	2.082 0	2.195 0	2.313 1	2.436 4	2.565 2	2.699 6	2.839 8	2.986 0	3.138 4	3.297 3
7	2.352 6	2.502 3	2.660 0	2.826 2	3.001 2	3.185 5	3.379 3	3.583 2	3.797 5	4.022 7
8	2.658 4	2.852 6	3.059 0	3.278 4	3.511 5	3.758 9	4.021 4	4.299 8	4.595 0	4.907 7
9	3.004 0	3.251 9	3.517 9	3.803 0	4.108 4	4.435 5	4.785 4	5.159 8	5.559 9	5.987 4
10	3.394 6	3.707 2	4.045 6	4.411 4	4.806 8	5.233 8	5.694 7	6.191 7	6.727 5	7.304 6
11	3.835 9	4.226 2	4.652 4	5.117 3	5.624 0	6.175 9	6.776 7	7.430 1	8.140 3	8.911 7
12	4.334 5	4.817 9	5.350 3	5.936 0	6.580 1	7.287 6	8.064 2	8.916 1	9.849 7	10.872 2
13	4.898 0	5.492 4	6.152 8	6.885 8	7.698 7	8.599 4	9.596 4	10.699 3	11.918 2	13.264 1
14	5.534 8	6.261 3	7.075 7	7.987 5	9.007 5	10.147 2	11.419 8	12.839 2	14.421 0	16.182 2
15	6.254 3	7.137 9	8.137 1	9.265 5	10.538 7	11.973 7	13.589 5	15.407 0	17.449 4	19.742 3
16	7.067 3	8.137 2	9.357 6	10.748 0	12.330 3	14.129 0	16.171 5	18.488 4	21.113 8	24.085 6
17	7.986 1	9.276 5	10.761 3	12.467 7	14.426 5	16.672 2	19.244 1	22.186 1	25.547 7	29.384 4
18	9.024 3	10.575 2	12.375 5	14.462 5	16.879 0	19.673 3	22.900 5	26.623 3	30.912 7	35.849 0
19	10.197 4	12.055 7	14.231 8	16.776 5	19.748 4	23.214 4	27.251 6	31.948 0	37.404 3	43.735 8
20	11.523 1	13.743 5	16.366 5	19.460 8	23.105 6	27.393 0	32.429 4	38.337 6	45.259 3	53.357 6
21	13.021 1	15.667 6	18.821 5	22.574 5	27.033 6	32.323 8	38.591 0	46.005 1	54.763 7	65.096 3
22	14.713 8	17.861 0	21.644 7	26.186 4	31.629 3	38.142 1	45.923 3	55.206 1	66.264 1	79.417 5
23	16.626 6	20.361 6	24.891 5	30.376 2	37.006 2	45.007 6	54.648 7	66.247 4	80.179 5	96.889 4
24	18.788 1	23.212 2	28.625 2	35.236 4	43.297 3	53.109 0	65.032 0	79.496 8	97.017 2	118.205 0
25	21.230 5	26.461 9	32.919 0	40.874 2	50.657 8	62.668 6	77.388 1	95.396 2	117.390 9	144.210 1
26	23.990 5	30.166 6	37.856 8	47.414 1	59.269 7	73.949 0	92.091 8	114.475 5	142.042 9	175.936 4
27	27.109 3	34.389 9	43.535 3	55.000 4	69.345 5	87.259 8	109.589 3	137.370 6	171.871 9	214.642 4
28	30.633 5	39.204 5	50.065 6	63.800 4	81.134 2	102.966 6	130.411 2	164.844 7	207.965 1	261.863 7
29	34.615 8	44.693 1	57.575 5	74.008 5	94.927 1	121.500 5	155.189 3	197.813 6	251.637 7	319.473 7
30	39.115 9	50.950 2	66.211 8	85.849 9	111.064 7	143.370 6	184.675 3	237.376 3	304.481 6	389.757 9
31	44.201 0	58.083 2	76.143 5	99.585 9	129.945 6	169.177 4	219.763 6	284.851 6	368.422 8	475.504 6
32	49.947 1	66.214 8	87.565 1	115.519 6	152.036 4	199.629 3	261.518 7	341.821 9	445.791 6	580.115 6
33	56.440 2	75.484 9	100.699 8	134.002 7	177.882 6	235.562 5	311.207 3	410.186 3	539.407 8	707.741 1
34	63.777 4	86.052 8	115.804 8	155.443 2	208.122 6	277.963 8	370.336 6	492.223 5	652.683 4	863.444 1
35	72.068 5	98.100 2	133.175 5	180.314 1	243.503 5	327.997 3	440.700 6	590.668 2	789.747 0	1 053.401 8
36	81.437 4	111.834 2	153.151 9	209.164 3	284.899 1	387.036 8	524.433 7	708.801 9	955.593 8	1 285.150 2
37	92.024 3	127.491 0	176.124 6	242.630 6	333.331 9	456.703 4	624.076 1	850.562 2	1 156.268 5	1 567.883 3
38	103.987 4	145.339 7	202.543 3	281.451 5	389.998 3	538.910 0	742.650 6	1 020.674 7	1 399.084 9	1 912.817 6
39	117.505 8	165.687 3	232.924 8	326.483 8	456.298 0	635.913 9	883.754 2	1 224.809 6	1 692.892 7	2 333.637 5
40	132.781 6	188.883 5	267.863 5	378.721 2	533.868 7	750.378 3	1 051.667 5	1 469.771 6	2 048.400 2	2 847.037 8
41	150.043 2	215.327 2	308.043 1	439.316 5	624.626 4	885.446 4	1 251.484 3	1 763.725 9	2 478.564 3	3 473.386 1
42	169.548 8	245.473 0	354.249 5	509.607 2	730.812 9	1 044.826 8	1 489.266 4	2 116.471 1	2 999.062 8	4 237.531 0
43	191.590 1	279.839 2	407.387 0	591.144 3	855.051 1	1 232.895 6	1 772.227 0	2 539.765 3	3 628.865 9	5 169.787 8
44	216.496 8	319.016 7	468.495 0	685.727 4	1 000.409 8	1 454.816 8	2 108.950 1	3 047.718 3	4 390.927 8	6 307.141 1
45	244.641 4	363.679 1	538.769 3	795.443 8	1 170.479 4	1 716.683 9	2 509.650 6	3 657.262 0	5 313.022 6	7 694.712 2

期数	23%	24%	25%	26%	27%	28%	29%	30%
1	1.230 0	1.240 0	1.250 0	1.260 0	1.270 0	1.280 0	1.290 0	1.300 0
2	1.512 9	1.537 6	1.562 5	1.587 6	1.612 9	1.638 4	1.664 1	1.690 0
3	1.860 9	1.906 6	1.953 1	2.000 4	2.048 4	2.097 2	2.146 7	2.197 0
4	2.288 9	2.364 2	2.441 4	2.520 5	2.601 4	2.684 4	2.769 2	2.856 1
5	2.815 3	2.931 6	3.051 8	3.175 8	3.303 8	3.436 0	3.572 3	3.712 9
6	3.462 8	3.635 2	3.814 7	4.001 5	4.195 9	4.398 0	4.608 3	4.826 8
7	4.259 3	4.507 7	4.768 4	5.041 9	5.328 8	5.629 5	5.944 7	6.274 9
8	5.238 9	5.589 5	5.960 5	6.352 8	6.767 5	7.205 8	7.668 6	8.157 3
9	6.443 9	6.931 0	7.450 6	8.004 5	8.594 8	9.223 4	9.892 5	10.604 5
10	7.925 9	8.594 4	9.313 2	10.085 7	10.915 3	11.805 9	12.761 4	13.785 8
11	9.748 9	10.657 1	11.641 5	12.708 0	13.862 5	15.111 6	16.462 2	17.921 6
12	11.991 2	13.214 8	14.551 9	16.012 0	17.605 3	19.342 8	21.236 2	23.298 1
13	14.749 1	16.386 3	18.189 9	20.175 2	22.358 8	24.758 8	27.394 7	30.287 5
14	18.141 4	20.319 1	22.737 4	25.420 7	28.395 7	31.691 3	35.339 1	39.373 8
15	22.314 0	25.195 6	28.421 7	32.030 1	36.062 5	40.564 8	45.587 5	51.185 9
16	27.446 2	31.242 6	35.527 1	40.357 9	45.799 4	51.923 0	58.807 9	66.541 7
17	33.758 8	38.740 8	44.408 9	50.851 0	58.165 2	66.461 4	75.862 1	86.504 2
18	41.523 3	48.038 6	55.511 2	64.072 2	73.869 8	85.070 6	97.862 2	112.455 4
19	51.073 7	59.567 9	69.388 9	80.731 0	93.814 7	108.890 4	126.242 2	146.192 0
20	62.820 6	73.864 1	86.736 2	101.721 1	119.144 6	139.379 7	162.852 4	190.049 6
21	77.269 4	91.591 5	108.420 2	128.168 5	151.313 7	178.406 0	210.079 6	247.064 5
22	95.041 3	113.573 5	135.525 3	161.492 4	192.168 3	228.359 6	271.002 7	321.183 9
23	116.900 8	140.831 2	169.406 6	203.480 4	244.053 8	292.300 3	349.593 5	417.539 1
24	143.788 0	174.630 6	211.758 2	256.385 3	309.948 3	374.144 4	450.975 6	542.800 8
25	176.859 3	216.542 0	264.697 8	323.045 4	393.634 4	478.904 9	581.758 5	705.641 0
26	217.536 9	268.512 1	330.872 2	407.037 3	499.915 7	612.998 2	750.468 5	917.333 3
27	267.570 4	332.955 0	413.590 3	512.867 0	634.892 9	784.637 7	968.104 4	1 192.533 3
28	329.111 5	412.864 2	516.987 9	646.212 4	806.314 0	1 004.336 3	1 248.854 6	1 550.293 3
29	404.807 2	511.951 6	646.234 9	814.227 6	1 024.018 7	1 285.550 4	1 611.022 5	2 015.381 3
30	497.912 9	634.819 9	807.793 6	1 025.926 7	1 300.503 8	1 645.504 6	2 078.219 0	2 619.995 6
31	612.432 8	787.176 7	1 009.742 0	1 292.667 7	1 651.639 8	2 106.245 8	2 680.902 5	3 405.994 3
32	753.292 4	976.099 1	1 262.177 4	1 628.761 3	2 097.582 6	2 695.994 7	3 458.364 2	4 427.792 6
33	926.549 6	1 210.362 9	1 577.721 8	2 052.239 2	2 663.929 9	3 450.873 2	4 461.289 8	5 756.130 4
34	1 139.656 0	1 500.850 0	1 972.152 3	2 585.821 5	3 383.191 0	4 417.117 7	5 755.063 9	7 482.969 6
35	1 401.776 9	1 861.054 0	2 465.190 3	3 258.135 0	4 296.652 5	5 653.910 6	7 424.032 4	9 727.860 4
36	1 724.185 6	2 307.707 0	3 081.487 9	4 105.250 1	5 456.748 7	7 237.005 6	9 577.001 8	12 646.218 6
37	2 120.748 3	2 861.556 7	3 851.859 9	5 172.615 2	6 930.070 9	9 263.367 1	12 354.332 4	16 440.084 1
38	2 608.520 4	3 548.330 3	4 814.824 9	6 517.495 1	8 801.190 0	11 857.109 9	15 937.088 8	21 372.109 4
39	3 208.480 1	4 399.929 5	6 018.531 1	8 212.043 8	11 177.511 3	15 177.100 7	20 558.844 5	27 783.742 2
40	3 946.430 5	5 455.912 6	7 523.163 8	10 347.175 2	14 195.439 3	19 426.688 9	26 520.909 4	36 118.864 8
41	4 854.109 5	6 765.331 7	9 403.954 8	13 037.440 8	18 028.208 0	24 866.161 8	34 211.973 1	46 954.524 3
42	5 970.554 7	8 389.011 3	11 754.943 5	16 427.175 4	22 895.824 1	31 828.687 1	44 133.445 3	61 040.881 5
43	7 343.782 3	10 402.374 0	14 693.679 4	20 698.241 0	29 077.696 6	40 740.719 5	56 932.144 5	79 353.146 0
44	9 032.852 2	12 898.943 7	18 367.099 2	26 079.783 7	36 928.674 7	52 148.121 0	73 442.466 4	103 159.089 8
45	11 110.408 2	15 994.690 2	22 958.8 740	32 860.527 5	46 899.416 9	66 749.594 9	94 740.781 6	134 106.816 7

附录 B 复利现值系数表

期数	1%	2%	3%	4%	5%	6%	7%	8%	9%	10%	11%	12%
1	0.990 1	0.980 4	0.970 9	0.961 5	0.952 4	0.943 4	0.934 6	0.925 9	0.917 4	0.909 1	0.900 9	0.892 9
2	0.980 3	0.961 2	0.942 6	0.924 6	0.907 0	0.890 0	0.873 4	0.857 3	0.841 7	0.826 4	0.811 6	0.797 2
3	0.970 6	0.942 3	0.915 1	0.889 0	0.863 8	0.839 6	0.816 3	0.793 8	0.772 2	0.751 3	0.731 2	0.711 8
4	0.961 0	0.923 8	0.888 5	0.854 8	0.822 7	0.792 1	0.762 9	0.735 0	0.708 4	0.683 0	0.658 7	0.635 5
5	0.951 5	0.905 7	0.862 6	0.821 9	0.783 5	0.747 3	0.713 0	0.680 6	0.649 9	0.620 9	0.593 5	0.567 4
6	0.942 0	0.888 0	0.837 5	0.790 3	0.746 2	0.705 0	0.666 3	0.630 2	0.596 3	0.564 5	0.534 6	0.506 6
7	0.932 7	0.870 6	0.813 1	0.759 9	0.710 7	0.665 1	0.622 7	0.583 5	0.547 0	0.513 2	0.481 7	0.452 3
8	0.923 5	0.853 5	0.789 4	0.730 7	0.676 8	0.627 4	0.582 0	0.540 3	0.501 9	0.466 5	0.433 9	0.403 9
9	0.914 3	0.836 8	0.766 4	0.702 6	0.644 6	0.591 9	0.543 9	0.500 2	0.460 4	0.424 1	0.390 9	0.360 6
10	0.905 3	0.820 3	0.744 1	0.675 6	0.613 9	0.558 4	0.508 3	0.463 2	0.422 4	0.385 5	0.352 2	0.322 0
11	0.896 3	0.804 3	0.722 4	0.649 6	0.584 7	0.526 8	0.475 1	0.428 9	0.387 5	0.350 5	0.317 3	0.287 5
12	0.887 4	0.788 5	0.701 4	0.624 6	0.556 8	0.497 0	0.444 0	0.397 1	0.355 5	0.318 6	0.285 8	0.256 7
13	0.878 7	0.773 0	0.681 0	0.600 6	0.530 3	0.468 8	0.415 0	0.367 7	0.326 2	0.289 7	0.257 5	0.229 2
14	0.870 0	0.757 9	0.661 1	0.577 5	0.505 1	0.442 3	0.387 8	0.340 5	0.299 2	0.263 3	0.232 0	0.204 6
15	0.861 3	0.743 0	0.641 9	0.555 3	0.481 0	0.417 3	0.362 4	0.315 2	0.274 5	0.239 4	0.209 0	0.182 7
16	0.852 8	0.728 4	0.623 2	0.533 9	0.458 1	0.393 6	0.338 7	0.291 9	0.251 9	0.217 6	0.188 3	0.163 1
17	0.844 4	0.714 2	0.605 0	0.513 4	0.436 3	0.371 4	0.316 6	0.270 3	0.231 1	0.197 8	0.169 6	0.145 6
18	0.836 0	0.700 2	0.587 4	0.493 6	0.415 5	0.350 3	0.295 9	0.250 2	0.212 0	0.179 9	0.152 8	0.130 0
19	0.827 7	0.686 4	0.570 3	0.474 6	0.395 7	0.330 5	0.276 5	0.231 7	0.194 5	0.163 5	0.137 7	0.116 1
20	0.819 5	0.673 0	0.553 7	0.456 4	0.376 9	0.311 8	0.258 4	0.214 5	0.178 4	0.148 6	0.124 0	0.103 7
21	0.811 4	0.659 8	0.537 5	0.438 8	0.358 9	0.294 2	0.241 5	0.198 7	0.163 7	0.135 1	0.111 7	0.092 6
22	0.803 4	0.646 8	0.521 9	0.422 0	0.341 8	0.277 5	0.225 7	0.183 9	0.150 2	0.122 8	0.100 7	0.082 6
23	0.795 4	0.634 2	0.506 7	0.405 7	0.325 6	0.261 8	0.210 9	0.170 3	0.137 8	0.111 7	0.090 7	0.073 8
24	0.787 6	0.621 7	0.491 9	0.390 1	0.310 1	0.247 0	0.197 1	0.157 7	0.126 4	0.101 5	0.081 7	0.065 9
25	0.779 8	0.609 5	0.477 6	0.375 1	0.295 3	0.233 0	0.184 2	0.146 0	0.116 0	0.092 3	0.073 6	0.058 8
26	0.772 0	0.597 6	0.463 7	0.360 7	0.281 2	0.219 8	0.172 2	0.135 2	0.106 4	0.083 9	0.066 3	0.052 5
27	0.764 4	0.585 9	0.450 2	0.346 8	0.267 8	0.207 4	0.160 9	0.125 2	0.097 6	0.076 3	0.059 7	0.046 9
28	0.756 8	0.574 4	0.437 1	0.333 5	0.255 1	0.195 6	0.150 4	0.115 9	0.089 5	0.069 3	0.053 8	0.041 9
29	0.749 3	0.563 1	0.424 3	0.320 7	0.242 9	0.184 6	0.140 6	0.107 3	0.082 2	0.063 0	0.048 5	0.037 4
30	0.741 9	0.552 1	0.412 0	0.308 3	0.231 4	0.174 1	0.131 4	0.099 4	0.075 4	0.057 3	0.043 7	0.033 4
31	0.734 6	0.541 2	0.400 0	0.296 5	0.220 4	0.164 3	0.122 8	0.092 0	0.069 1	0.052 1	0.039 4	0.029 8
32	0.727 3	0.530 6	0.388 3	0.285 1	0.209 9	0.155 0	0.114 7	0.085 2	0.063 4	0.047 4	0.035 5	0.026 6
33	0.720 1	0.520 2	0.377 0	0.274 1	0.199 9	0.146 2	0.107 2	0.078 9	0.058 2	0.043 1	0.031 9	0.023 8
34	0.713 0	0.510 0	0.366 0	0.263 6	0.190 4	0.137 9	0.100 2	0.073 0	0.053 4	0.039 1	0.028 8	0.021 2
35	0.705 9	0.500 0	0.355 4	0.253 4	0.181 3	0.130 1	0.093 7	0.067 6	0.049 0	0.035 6	0.025 9	0.018 9
36	0.698 9	0.490 2	0.345 0	0.243 7	0.172 7	0.122 7	0.087 5	0.062 6	0.044 9	0.032 3	0.023 4	0.016 9
37	0.692 0	0.480 6	0.335 0	0.234 3	0.164 4	0.115 8	0.081 8	0.058 0	0.041 2	0.029 4	0.021 0	0.015 1
38	0.685 2	0.471 2	0.325 2	0.225 3	0.156 6	0.109 2	0.076 5	0.053 7	0.037 8	0.026 7	0.019 0	0.013 5
39	0.678 4	0.461 9	0.315 8	0.216 6	0.149 1	0.103 1	0.071 5	0.049 7	0.034 7	0.024 3	0.017 1	0.012 0
40	0.671 7	0.452 9	0.306 6	0.208 3	0.142 0	0.097 2	0.066 8	0.046 0	0.031 8	0.022 1	0.015 4	0.010 7
41	0.665 0	0.444 0	0.297 6	0.200 3	0.135 3	0.091 7	0.062 4	0.042 6	0.029 2	0.020 1	0.013 9	0.009 6
42	0.658 4	0.435 3	0.289 0	0.192 6	0.128 8	0.086 5	0.058 3	0.039 5	0.026 8	0.018 3	0.012 5	0.008 6
43	0.651 9	0.426 8	0.280 5	0.185 2	0.122 7	0.081 6	0.054 5	0.036 5	0.024 6	0.016 6	0.011 2	0.007 6
44	0.645 4	0.418 4	0.272 4	0.178 0	0.116 9	0.077 0	0.050 9	0.033 8	0.022 6	0.015 1	0.010 1	0.006 8
45	0.639 1	0.410 2	0.264 4	0.171 2	0.111 3	0.072 7	0.047 6	0.031 3	0.020 7	0.013 7	0.009 1	0.006 1

续表

期数	13%	14%	15%	16%	17%	18%	19%	20%	21%	22%
1	0.885 0	0.877 2	0.869 6	0.862 1	0.854 7	0.847 5	0.840 3	0.833 3	0.826 4	0.819 7
2	0.783 1	0.769 5	0.756 1	0.743 2	0.730 5	0.718 2	0.706 2	0.694 4	0.683 0	0.671 9
3	0.693 1	0.675 0	0.657 5	0.640 7	0.624 4	0.608 6	0.593 4	0.578 7	0.564 5	0.550 7
4	0.613 3	0.592 1	0.571 8	0.552 3	0.533 7	0.515 8	0.498 7	0.482 3	0.466 5	0.451 4
5	0.542 8	0.519 4	0.497 2	0.476 1	0.456 1	0.437 1	0.419 0	0.401 9	0.385 5	0.370 0
6	0.480 3	0.455 6	0.432 3	0.410 4	0.389 8	0.370 4	0.352 1	0.334 9	0.318 6	0.303 3
7	0.425 1	0.399 6	0.375 9	0.353 8	0.333 2	0.313 9	0.295 9	0.279 1	0.263 3	0.248 6
8	0.376 2	0.350 6	0.326 9	0.305 0	0.284 8	0.266 0	0.248 7	0.232 6	0.217 6	0.203 8
9	0.332 9	0.307 5	0.284 3	0.263 0	0.243 4	0.225 5	0.209 0	0.193 8	0.179 9	0.167 0
10	0.294 6	0.269 7	0.247 2	0.226 7	0.208 0	0.191 1	0.175 6	0.161 5	0.148 6	0.136 9
11	0.260 7	0.236 6	0.214 9	0.195 4	0.177 8	0.161 9	0.147 6	0.134 6	0.122 8	0.112 2
12	0.230 7	0.207 6	0.186 9	0.168 5	0.152 0	0.137 2	0.124 0	0.112 2	0.101 5	0.092 0
13	0.204 2	0.182 1	0.162 5	0.145 2	0.129 9	0.116 3	0.104 2	0.093 5	0.083 9	0.075 4
14	0.180 7	0.159 7	0.141 3	0.125 2	0.111 0	0.098 5	0.087 6	0.077 9	0.069 3	0.061 8
15	0.159 9	0.140 1	0.122 9	0.107 9	0.094 9	0.083 5	0.073 6	0.064 9	0.057 3	0.050 7
16	0.141 5	0.122 9	0.106 9	0.093 0	0.081 1	0.070 8	0.061 8	0.054 1	0.047 4	0.041 5
17	0.125 2	0.107 8	0.092 9	0.080 2	0.069 3	0.060 0	0.052 0	0.045 1	0.039 1	0.034 0
18	0.110 8	0.094 6	0.080 8	0.069 1	0.059 2	0.050 8	0.043 7	0.037 6	0.032 3	0.027 9
19	0.098 1	0.082 9	0.070 3	0.059 6	0.050 6	0.043 1	0.036 7	0.031 3	0.026 7	0.022 9
20	0.086 8	0.072 8	0.061 1	0.051 4	0.043 3	0.036 5	0.030 8	0.026 1	0.022 1	0.018 7
21	0.076 8	0.063 8	0.053 1	0.044 3	0.037 0	0.030 9	0.025 9	0.021 7	0.018 3	0.015 4
22	0.068 0	0.056 0	0.046 2	0.038 2	0.031 6	0.026 2	0.021 8	0.018 1	0.015 1	0.012 6
23	0.060 1	0.049 1	0.040 2	0.032 9	0.027 0	0.022 2	0.018 3	0.015 1	0.012 5	0.010 3
24	0.053 2	0.043 1	0.034 9	0.028 4	0.023 1	0.018 8	0.015 4	0.012 6	0.010 3	0.008 5
25	0.047 1	0.037 8	0.030 4	0.024 5	0.019 7	0.016 0	0.012 9	0.010 5	0.008 5	0.006 9
26	0.041 7	0.033 1	0.026 4	0.021 1	0.016 9	0.013 5	0.010 9	0.008 7	0.007 0	0.005 7
27	0.036 9	0.029 1	0.023 0	0.018 2	0.014 4	0.011 5	0.009 1	0.007 3	0.005 8	0.004 7
28	0.032 6	0.025 5	0.020 0	0.015 7	0.012 3	0.009 7	0.007 7	0.006 1	0.004 8	0.003 8
29	0.028 9	0.022 4	0.017 4	0.013 5	0.010 5	0.008 2	0.006 4	0.005 1	0.004 0	0.003 1
30	0.025 6	0.019 6	0.015 1	0.011 6	0.009 0	0.007 0	0.005 4	0.004 2	0.003 3	0.002 6
31	0.022 6	0.017 2	0.013 1	0.010 0	0.007 7	0.005 9	0.004 6	0.003 5	0.002 7	0.002 1
32	0.020 0	0.015 1	0.011 4	0.008 7	0.006 6	0.005 0	0.003 8	0.002 9	0.002 2	0.001 7
33	0.017 7	0.013 2	0.009 9	0.007 5	0.005 6	0.004 2	0.003 2	0.002 4	0.001 9	0.001 4
34	0.015 7	0.011 6	0.008 6	0.006 4	0.004 8	0.003 6	0.002 7	0.002 0	0.001 5	0.001 2
35	0.013 9	0.010 2	0.007 5	0.005 5	0.004 1	0.003 0	0.002 3	0.001 7	0.001 3	0.000 9
36	0.012 3	0.008 9	0.006 5	0.004 8	0.003 5	0.002 6	0.001 9	0.001 4	0.001 0	0.000 8
37	0.010 9	0.007 8	0.005 7	0.004 1	0.003 0	0.002 2	0.001 6	0.001 2	0.000 9	0.000 6
38	0.009 6	0.006 9	0.004 9	0.003 6	0.002 6	0.001 9	0.001 3	0.001 0	0.000 7	0.000 5
39	0.008 5	0.006 0	0.004 3	0.003 1	0.002 2	0.001 6	0.001 1	0.000 8	0.000 6	0.000 4
40	0.007 5	0.005 3	0.003 7	0.002 6	0.001 9	0.001 3	0.001 0	0.000 7	0.000 5	0.000 4
41	0.006 7	0.004 6	0.003 2	0.002 3	0.001 6	0.001 1	0.000 8	0.000 6	0.000 4	0.000 3
42	0.005 9	0.004 1	0.002 8	0.002 0	0.001 4	0.001 0	0.000 7	0.000 5	0.000 3	0.000 2
43	0.005 2	0.003 6	0.002 5	0.001 7	0.001 2	0.000 8	0.000 6	0.000 4	0.000 3	0.000 2
44	0.004 6	0.003 1	0.002 1	0.001 5	0.001 0	0.000 7	0.000 5	0.000 3	0.000 2	0.000 2
45	0.004 1	0.002 7	0.001 9	0.001 3	0.000 9	0.000 6	0.000 4	0.000 3	0.000 2	0.000 1

期数	23%	24%	25%	26%	27%	28%	29%	30%
1	0.813 0	0.806 5	0.800 0	0.793 7	0.787 4	0.781 3	0.775 2	0.769 2
2	0.661 0	0.650 4	0.640 0	0.629 9	0.620 0	0.610 4	0.600 9	0.591 7
3	0.537 4	0.524 5	0.512 0	0.499 9	0.488 2	0.476 8	0.465 8	0.455 2
4	0.436 9	0.423 0	0.409 6	0.396 8	0.384 4	0.372 5	0.361 1	0.350 1
5	0.355 2	0.341 1	0.327 7	0.314 9	0.302 7	0.291 0	0.279 9	0.269 3
6	0.288 8	0.275 1	0.262 1	0.249 9	0.238 3	0.227 4	0.217 0	0.207 2
7	0.234 8	0.221 8	0.209 7	0.198 3	0.187 7	0.177 6	0.168 2	0.159 4
8	0.190 9	0.178 9	0.167 8	0.157 4	0.147 8	0.138 8	0.130 4	0.122 6
9	0.155 2	0.144 3	0.134 2	0.124 9	0.116 4	0.108 4	0.101 1	0.094 3
10	0.126 2	0.116 4	0.107 4	0.099 2	0.091 6	0.084 7	0.078 4	0.072 5
11	0.102 6	0.093 8	0.085 9	0.078 7	0.072 1	0.066 2	0.060 7	0.055 8
12	0.083 4	0.075 7	0.068 7	0.062 5	0.056 8	0.051 7	0.047 1	0.042 9
13	0.067 8	0.061 0	0.055 0	0.049 6	0.044 7	0.040 4	0.036 5	0.033 0
14	0.055 1	0.049 2	0.044 0	0.039 3	0.035 2	0.031 6	0.028 3	0.025 4
15	0.044 8	0.039 7	0.035 2	0.031 2	0.027 7	0.024 7	0.021 9	0.019 5
16	0.036 4	0.032 0	0.028 1	0.024 8	0.021 8	0.019 3	0.017 0	0.015 0
17	0.029 6	0.025 8	0.022 5	0.019 7	0.017 2	0.015 0	0.013 2	0.011 6
18	0.024 1	0.020 8	0.018 0	0.015 6	0.013 5	0.011 8	0.010 2	0.008 9
19	0.019 6	0.016 8	0.014 4	0.012 4	0.010 7	0.009 2	0.007 9	0.006 8
20	0.015 9	0.013 5	0.011 5	0.009 8	0.008 4	0.007 2	0.006 1	0.005 3
21	0.012 9	0.010 9	0.009 2	0.007 8	0.006 6	0.005 6	0.004 8	0.004 0
22	0.010 5	0.008 8	0.007 4	0.006 2	0.005 2	0.004 4	0.003 7	0.003 1
23	0.008 6	0.007 1	0.005 9	0.004 9	0.004 1	0.003 4	0.002 9	0.002 4
24	0.007 0	0.005 7	0.004 7	0.003 9	0.003 2	0.002 7	0.002 2	0.001 8
25	0.005 7	0.004 6	0.003 8	0.003 1	0.002 5	0.002 1	0.001 7	0.001 4
26	0.004 6	0.003 7	0.003 0	0.002 5	0.002 0	0.001 6	0.001 3	0.001 1
27	0.003 7	0.003 0	0.002 4	0.001 9	0.001 6	0.001 3	0.001 0	0.000 8
28	0.003 0	0.002 4	0.001 9	0.001 5	0.001 2	0.001 0	0.000 8	0.000 6
29	0.002 5	0.002 0	0.001 5	0.001 2	0.001 0	0.000 8	0.000 6	0.000 5
30	0.002 0	0.001 6	0.001 2	0.001 0	0.000 8	0.000 6	0.000 5	0.000 4
31	0.001 6	0.001 3	0.001 0	0.000 8	0.000 6	0.000 5	0.000 4	0.000 3
32	0.001 3	0.001 0	0.000 8	0.000 6	0.000 5	0.000 4	0.000 3	0.000 2
33	0.001 1	0.000 8	0.000 6	0.000 5	0.000 4	0.000 3	0.000 2	0.000 2
34	0.000 9	0.000 7	0.000 5	0.000 4	0.000 3	0.000 2	0.000 2	0.000 1
35	0.000 7	0.000 5	0.000 4	0.000 3	0.000 2	0.000 2	0.000 1	0.000 1
36	0.000 6	0.000 4	0.000 3	0.000 2	0.000 2	0.000 1	0.000 1	0.000 1
37	0.000 5	0.000 3	0.000 3	0.000 2	0.000 1	0.000 1	0.000 1	0.000 1
38	0.000 4	0.000 3	0.000 2	0.000 2	0.000 1	0.000 1	0.000 1	0.000 0
39	0.000 3	0.000 2	0.000 2	0.000 1	0.000 1	0.000 1	0.000 0	0.000 0
40	0.000 3	0.000 2	0.000 1	0.000 1	0.000 1	0.000 1	0.000 0	0.000 0
41	0.000 2	0.000 1	0.000 1	0.000 1	0.000 1	0.000 0	0.000 0	0.000 0
42	0.000 2	0.000 1	0.000 1	0.000 1	0.000 0	0.000 0	0.000 0	0.000 0
43	0.000 1	0.000 1	0.000 1	0.000 0	0.000 0	0.000 0	0.000 0	0.000 0
44	0.000 1	0.000 1	0.000 1	0.000 0	0.000 0	0.000 0	0.000 0	0.000 0
45	0.000 1	0.000 1	0.000 0	0.000 0	0.000 0	0.000 0	0.000 0	0.000 0

附录 C　年金终值系数表

期数	1%	2%	3%	4%	5%	6%	7%	8%	9%	10%	11%	12%
1	1.000 0	1.000 0	1.000 0	1.000 0	1.000 0	1.000 0	1.000 0	1.000 0	1.000 0	1.000 0	1.000 0	1.000 0
2	2.010 0	2.020 0	2.030 0	2.040 0	2.050 0	2.060 0	2.070 0	2.080 0	2.090 0	2.100 0	2.110 0	2.120 0
3	3.030 1	3.060 4	3.090 9	3.121 6	3.152 5	3.183 6	3.214 9	3.246 4	3.278 1	3.310 0	3.342 1	3.374 4
4	4.060 4	4.121 6	4.183 6	4.246 5	4.310 1	4.374 6	4.439 9	4.506 1	4.573 1	4.641 0	4.709 7	4.779 3
5	5.101 0	5.204 0	5.309 1	5.416 3	5.525 6	5.637 1	5.750 7	5.866 6	5.984 7	6.105 1	6.227 8	6.352 8
6	6.152 0	6.308 1	6.468 4	6.633 0	6.801 9	6.975 3	7.153 3	7.335 9	7.523 3	7.715 6	7.912 9	8.115 2
7	7.213 5	7.434 3	7.662 5	7.898 3	8.142 0	8.393 8	8.654 0	8.922 8	9.200 4	9.487 2	9.783 3	10.089 0
8	8.285 7	8.583 0	8.892 3	9.214 2	9.549 1	9.897 5	10.259 8	10.636 6	11.028 5	11.435 9	11.859 4	12.299 7
9	9.368 5	9.754 6	10.159 1	10.582 8	11.026 6	11.491 3	11.978 0	12.487 6	13.021 0	13.579 5	14.164 0	14.775 7
10	10.462 2	10.949 7	11.463 9	12.006 1	12.577 9	13.180 8	13.816 4	14.486 6	15.192 9	15.937 4	16.722 0	17.548 7
11	11.566 8	12.168 7	12.807 8	13.486 4	14.206 8	14.971 6	15.783 6	16.645 5	17.560 3	18.531 2	19.561 4	20.654 6
12	12.682 5	13.412 1	14.192 0	15.025 8	15.917 1	16.869 9	17.888 5	18.977 1	20.140 7	21.384 3	22.713 2	24.133 1
13	13.809 3	14.680 3	15.617 8	16.626 8	17.713 0	18.882 1	20.140 6	21.495 3	22.953 4	24.522 7	26.211 6	28.029 1
14	14.947 4	15.973 9	17.086 3	18.291 9	19.598 6	21.015 1	22.550 5	24.214 9	26.019 2	27.975 0	30.094 9	32.392 6
15	16.096 9	17.293 4	18.598 9	20.023 6	21.578 6	23.276 0	25.129 0	27.152 1	29.360 9	31.772 5	34.405 4	37.279 7
16	17.257 9	18.639 3	20.156 9	21.824 5	23.657 5	25.672 5	27.888 1	30.324 3	33.003 4	35.949 7	39.189 9	42.753 3
17	18.430 4	20.012 1	21.761 6	23.697 5	25.840 4	28.212 9	30.840 2	33.750 2	36.973 7	40.544 7	44.500 8	48.883 7
18	19.614 7	21.412 3	23.414 4	25.645 4	28.132 4	30.905 7	33.999 0	37.450 2	41.301 3	45.599 2	50.395 9	55.749 7
19	20.810 9	22.840 6	25.116 9	27.671 2	30.539 0	33.760 0	37.379 0	41.446 3	46.018 5	51.159 1	56.939 5	63.439 7
20	22.019 0	24.297 4	26.870 4	29.778 1	33.066 0	36.785 6	40.995 5	45.762 0	51.160 1	57.275 0	64.202 8	72.052 4
21	23.239 2	25.783 3	28.676 5	31.969 2	35.719 3	39.992 7	44.865 2	50.422 9	56.764 5	64.002 5	72.265 1	81.698 7
22	24.471 6	27.299 0	30.536 8	34.248 0	38.505 2	43.392 3	49.005 7	55.456 8	62.873 3	71.402 7	81.214 3	92.502 6
23	25.716 3	28.845 0	32.452 9	36.617 9	41.430 5	46.995 8	53.436 1	60.893 3	69.531 9	79.543 0	91.147 9	104.602 9
24	26.973 5	30.421 9	34.426 5	39.082 6	44.502 0	50.815 6	58.176 7	66.764 8	76.789 8	88.497 3	102.174 2	118.155 2
25	28.243 2	32.030 3	36.459 3	41.645 9	47.727 1	54.864 5	63.249 0	73.105 9	84.700 9	98.347 1	114.413 3	133.333 9
26	29.525 6	33.670 9	38.553 0	44.311 7	51.113 5	59.156 4	68.676 5	79.954 4	93.324 0	109.181 8	127.998 8	150.333 9
27	30.820 9	35.344 3	40.709 6	47.084 2	54.669 1	63.705 8	74.483 8	87.350 8	102.723 1	121.099 9	143.078 6	169.374 0
28	32.129 1	37.051 2	42.930 9	49.967 6	58.402 6	68.528 1	80.697 7	95.338 8	112.968 2	134.209 9	159.817 3	190.698 9
29	33.450 4	38.792 2	45.218 9	52.966 3	62.322 7	73.639 8	87.346 5	103.965 9	124.135 4	148.630 9	178.397 2	214.582 8
30	34.784 9	40.568 1	47.575 4	56.084 9	66.438 8	79.058 2	94.460 8	113.283 2	136.307 5	164.494 0	199.020 9	241.332 7
31	36.132 7	42.379 4	50.002 7	59.328 3	70.760 8	84.801 7	102.073 0	123.345 9	149.575 2	181.943 4	221.913 2	271.292 6
32	37.494 1	44.227 0	52.502 8	62.701 5	75.298 8	90.889 8	110.218 2	134.213 5	164.037 0	201.137 8	247.323 6	304.847 7
33	38.869 0	46.111 6	55.077 8	66.209 5	80.063 8	97.343 2	118.933 4	145.950 6	179.800 3	222.251 5	275.529 2	342.429 4
34	40.257 7	48.033 8	57.730 2	69.857 9	85.067 0	104.183 8	128.258 8	158.626 7	196.982 3	245.476 7	306.837 4	384.521 0
35	41.660 3	49.994 5	60.462 1	73.652 2	90.320 3	111.434 8	138.236 9	172.316 8	215.710 8	271.024 4	341.589 6	431.663 5
36	43.076 9	51.994 4	63.275 9	77.598 3	95.836 3	119.120 9	148.913 5	187.102 1	236.124 7	299.126 8	380.164 4	484.463 1
37	44.507 6	54.034 3	66.174 2	81.702 2	101.628 1	127.268 1	160.337 4	203.070 3	258.375 9	330.039 5	422.982 5	543.598 7
38	45.952 7	56.114 9	69.159 4	85.970 3	107.709 5	135.904 2	172.561 0	220.315 9	282.629 8	364.043 4	470.510 6	609.830 5
39	47.412 3	58.237 2	72.234 2	90.409 1	114.095 0	145.058 5	185.640 3	238.941 2	309.066 5	401.447 8	523.266 7	684.010 2
40	48.886 4	60.402 0	75.401 3	95.025 5	120.799 8	154.762 0	199.635 1	259.056 5	337.882 4	442.592 6	581.826 1	767.091 4
41	50.375 2	62.610 0	78.663 3	99.826 5	127.839 8	165.047 7	214.609 6	280.781 0	369.291 9	487.851 8	646.826 9	860.142 4
42	51.879 0	64.862 2	82.023 2	104.819 6	135.231 8	175.950 5	230.632 2	304.243 5	403.528 1	537.637 0	718.977 9	964.359 5
43	53.397 8	67.159 5	85.483 9	110.012 4	142.993 3	187.507 6	247.776 5	329.583 0	440.845 7	592.400 7	799.065 1	1 081.082 6
44	54.931 8	69.502 7	89.048 4	115.412 9	151.143 0	199.758 0	266.120 9	356.949 6	481.521 8	652.640 8	887.962 7	1 211.812 5
45	56.481 1	71.892 7	92.719 9	121.029 4	159.700 2	212.743 5	285.749 3	386.505 6	525.858 7	718.904 8	986.638 6	1 358.230 0

期数	13%	14%	15%	16%	17%	18%	19%	20%	21%	22%
1	1.000 0	1.000 0	1.000 0	1.000 0	1.000 0	1.000 0	1.000 0	1.000 0	1.000 0	1.000 0
2	2.130 0	2.140 0	2.150 0	2.160 0	2.170 0	2.180 0	2.190 0	2.200 0	2.210 0	2.220 0
3	3.406 9	3.439 6	3.472 5	3.505 6	3.538 9	3.572 4	3.606 1	3.640 0	3.674 1	3.708 4
4	4.849 8	4.921 1	4.993 4	5.066 5	5.140 5	5.215 4	5.291 3	5.368 0	5.445 7	5.524 2
5	6.480 3	6.610 1	6.742 4	6.877 1	7.014 4	7.154 2	7.296 6	7.441 6	7.589 2	7.739 6
6	8.322 7	8.535 5	8.753 7	8.977 5	9.206 8	9.442 0	9.683 0	9.929 9	10.183 0	10.442 3
7	10.404 7	10.730 5	11.066 8	11.413 9	11.772 0	12.141 5	12.522 7	12.915 9	13.321 4	13.739 6
8	12.757 3	13.232 8	13.726 8	14.240 1	14.773 3	15.327 0	15.902 0	16.499 1	17.118 9	17.762 3
9	15.415 7	16.085 3	16.785 8	17.518 5	18.284 7	19.085 9	19.923 4	20.798 9	21.713 9	22.670 0
10	18.419 7	19.337 3	20.303 7	21.321 5	22.393 1	23.521 3	24.708 9	25.958 7	27.273 8	28.657 4
11	21.814 3	23.044 5	24.349 3	25.732 9	27.199 9	28.755 1	30.403 5	32.150 4	34.001 3	35.962 0
12	25.650 2	27.270 7	29.001 7	30.850 2	32.823 9	34.931 1	37.180 2	39.580 5	42.141 6	44.873 7
13	29.984 7	32.088 7	34.351 9	36.786 2	39.404 0	42.218 7	45.244 5	48.496 6	51.991 3	55.745 9
14	34.882 7	37.581 1	40.504 7	43.672 0	47.102 7	50.818 0	54.840 9	59.195 9	63.909 5	69.010 0
15	40.417 5	43.842 4	47.580 4	51.659 5	56.110 1	60.965 3	66.260 7	72.035 1	78.330 5	85.192 2
16	46.671 7	50.980 4	55.717 5	60.925 0	66.648 8	72.939 0	79.850 2	87.442 1	95.779 9	104.934 5
17	53.739 1	59.117 6	65.075 1	71.673 0	78.979 2	87.068 0	96.021 8	105.930 6	116.893 7	129.020 1
18	61.725 1	68.394 1	75.836 4	84.140 7	93.405 6	103.740 3	115.265 9	128.116 7	142.441 3	158.404 5
19	70.749 4	78.969 2	88.211 8	98.603 2	110.284 6	123.413 5	138.166 4	154.740 0	173.354 0	194.253 5
20	80.946 8	91.024 9	102.443 6	115.379 7	130.032 9	146.628 0	165.418 0	186.688 0	210.758 4	237.989 3
21	92.469 9	104.768 4	118.810 1	134.840 5	153.138 5	174.021 0	197.847 4	225.025 6	256.017 6	291.346 9
22	105.491 0	120.436 0	137.631 6	157.415 0	180.172 1	206.344 8	236.438 5	271.030 7	310.781 3	356.443 2
23	120.204 8	138.297 0	159.276 4	183.601 4	211.801 3	244.486 8	282.361 8	326.236 9	377.045 4	435.860 7
24	136.831 5	158.658 6	184.167 8	213.977 6	248.807 6	289.494 5	337.010 5	392.484 2	457.224 9	532.750 1
25	155.619 6	181.870 8	212.793 0	249.214 0	292.104 9	342.603 5	402.042 5	471.981 1	554.242 2	650.955 1
26	176.850 1	208.332 7	245.712 0	290.088 3	342.762 7	405.272 1	479.430 6	567.377 3	671.633 0	795.165 3
27	200.840 6	238.499 3	283.568 8	337.502 4	402.032 3	479.221 1	571.522 4	681.852 8	813.675 9	971.101 6
28	227.949 9	272.889 2	327.104 1	392.502 8	471.377 8	566.480 9	681.111 6	819.223 3	985.547 9	1 185.744 0
29	258.583 4	312.093 7	377.169 7	456.303 2	552.512 1	669.447 5	811.522 8	984.068 0	1 193.512 9	1 447.607 7
30	293.199 2	356.786 8	434.745 1	530.311 7	647.439 1	790.948 0	966.712 2	1 181.881 6	1 445.150 7	1 767.081 3
31	332.315 1	407.737 0	500.956 9	616.161 6	758.503 8	934.318 6	1 151.387 5	1 419.257 9	1 749.632 3	2 156.839 2
32	376.516 1	465.820 2	577.100 5	715.747 5	888.449 4	1 103.496 0	1 371.151 1	1 704.109 5	2 118.055 1	2 632.343 9
33	426.463 2	532.035 0	664.665 5	831.267 1	1 040.485 8	1 303.125 3	1 632.669 8	2 045.931 4	2 563.846 7	3 212.459 5
34	482.903 4	607.519 9	765.365 4	965.269 8	1 218.368 4	1 538.687 8	1 943.877 1	2 456.117 6	3 103.254 5	3 920.200 6
35	546.680 8	693.572 7	881.170 2	1 120.713 0	1 426.491 0	1 816.651 6	2 314.213 7	2 948.341 1	3 755.937 9	4 783.644 7
36	618.749 3	791.672 9	1 014.345 7	1 301.027 0	1 669.994 5	2 144.648 9	2 754.914 3	3 539.009 4	4 545.684 8	5 837.046 6
37	700.186 7	903.507 1	1 167.497 5	1 510.191 4	1 954.893 6	2 531.685 7	3 279.348 1	4 247.811 2	5 501.278 7	7 122.196 8
38	792.211 0	1 030.998 1	1 343.622 2	1 752.822 0	2 288.225 5	2 988.389 1	3 903.424 2	5 098.373 5	6 657.547 2	8 690.080 1
39	896.198 4	1 176.337 8	1 546.165 5	2 034.273 5	2 678.223 8	3 527.299 2	4 646.074 8	6 119.048 2	8 056.632 1	10 602.897 8
40	1 013.704 2	1 342.025 1	1 779.090 3	2 360.757 2	3 134.521 8	4 163.213 0	5 529.829 0	7 343.857 8	9 749.524 8	12 936.535 3
41	1 146.485 8	1 530.908 6	2 046.953 9	2 739.478 4	3 668.390 6	4 913.591 4	6 581.496 5	8 813.629 4	11 797.925 0	15 783.573 0
42	1 296.528 9	1 746.235 8	2 354.996 9	3 178.794 9	4 293.016 9	5 799.037 8	7 832.980 8	10 577.355 3	14 276.489 3	19 256.959 1
43	1 466.077 7	1 991.708 8	2 709.246 5	3 688.402 1	5 023.829 8	6 843.864 6	9 322.247 2	12 693.826 3	17 275.552 1	23 494.490 1
44	1 657.667 8	2 271.548 1	3 116.633 4	4 279.546 5	5 878.880 9	8 076.760 3	11 094.474 1	15 233.591 6	20 904.418 0	28 664.277 9
45	1 874.164 6	2 590.564 8	3 585.128 5	4 965.273 9	6 879.290 7	9 531.577 1	13 203.424 2	18 281.309 9	25 295.345 8	34 971.419 1

期数	23%	24%	25%	26%	27%	28%	29%	30%
1	1.000 0	1.000 0	1.000 0	1.000 0	1.000 0	1.000 0	1.000 0	1.000 0
2	2.230 0	2.240 0	2.250 0	2.260 0	2.270 0	2.280 0	2.290 0	2.300 0
3	3.742 9	3.777 6	3.812 5	3.847 6	3.882 9	3.918 4	3.954 1	3.990 0
4	5.603 8	5.684 2	5.765 6	5.848 0	5.931 3	6.015 6	6.100 8	6.187 0
5	7.892 6	8.048 4	8.207 0	8.368 4	8.532 7	8.699 9	8.870 0	9.043 1
6	10.707 9	10.980 1	11.258 8	11.544 2	11.836 6	12.135 9	12.442 3	12.756 0
7	14.170 8	14.615 3	15.073 5	15.545 8	16.032 4	16.533 9	17.050 6	17.582 8
8	18.430 0	19.122 9	19.841 9	20.587 6	21.361 2	22.163 4	22.995 3	23.857 7
9	23.669 0	24.712 5	25.802 3	26.940 4	28.128 7	29.369 2	30.663 9	32.015 0
10	30.112 8	31.643 4	33.252 9	34.944 9	36.723 5	38.592 6	40.556 4	42.619 5
11	38.038 8	40.237 9	42.566 1	45.030 6	47.638 8	50.398 5	53.317 8	56.405 3
12	47.787 7	50.895 0	54.207 7	57.738 6	61.501 3	65.510 0	69.780 0	74.327 0
13	59.778 8	64.109 7	68.759 6	73.750 6	79.106 6	84.852 9	91.016 1	97.625 0
14	74.528 0	80.496 1	86.949 5	93.925 8	101.465 4	109.611 7	118.410 8	127.912 5
15	92.669 4	100.815 1	109.686 8	119.346 5	129.861 1	141.302 9	153.750 0	167.286 3
16	114.983 4	126.010 8	138.108 5	151.376 6	165.923 6	181.867 7	199.337 4	218.472 2
17	142.429 5	157.253 4	173.635 7	191.734 5	211.723 0	233.790 7	258.145 3	285.013 9
18	176.188 3	195.994 2	218.044 6	242.585 5	269.888 2	300.252 1	334.007 4	371.518 0
19	217.711 6	244.032 8	273.555 8	306.657 7	343.758 0	385.322 7	431.869 6	483.973 4
20	268.785 3	303.600 6	342.944 7	387.388 7	437.572 6	494.213 1	558.111 8	630.165 5
21	331.605 9	377.464 8	429.680 9	489.109 8	556.717 3	633.592 7	720.964 2	820.215 1
22	408.875 3	469.056 3	538.101 1	617.278 3	708.030 9	811.998 7	931.043 8	1 067.279 6
23	503.916 6	582.629 8	673.626 4	778.770 7	900.199 3	1 040.358 3	1 202.046 5	1 388.463 5
24	620.817 4	723.461 0	8 43.032 9	982.251 1	1 144.253 1	1 332.658 6	1 551.640 0	1 806.002 6
25	764.605 4	898.091 6	1 054.791 2	1 238.636 3	1 454.201 4	1 706.803 1	2 002.615 6	2 348.803 3
26	941.464 7	1 114.633 6	1 319.489 0	1 561.681 8	1 847.835 8	2 185.707 9	2 584.374 1	3 054.444 3
27	1 159.001 6	1 383.145 7	1 650.361 2	1 968.719 1	2 347.751 5	2 798.706 1	3 334.842 6	3 971.777 6
28	1 426.571 9	1 716.100 7	2 063.951 5	2 481.586 0	2 982.644 3	3 583.343 8	4 302.947 0	5 164.310 9
29	1 755.683 5	2 128.964 8	2 580.939 4	3 127.798 4	3 788.958 3	4 587.680 1	5 551.801 6	6 714.604 2
30	2 160.490 7	2 640.916 4	3 227.174 3	3 942.026 0	4 812.977 1	5 873.230 6	7 162.824 1	8 729.985 5
31	2 658.403 6	3 275.736 3	4 034.967 8	4 967.952 7	6 113.480 9	7 518.735 1	9 241.043 1	11 349.981 1
32	3 270.836 4	4 062.913 0	5 044.709 8	6 260.620 4	7 765.120 7	9 624.981 0	11 921.945 6	14 755.975 5
33	4 024.128 7	5 039.012 2	6 306.887 2	7 889.381 7	9 862.703 3	12 320.975 6	15 380.309 8	19 183.768 1
34	4 950.678 3	6 249.375 1	7 884.609 1	9 941.621 0	12 526.633 2	15 771.848 8	19 841.599 7	24 939.898 5
35	6 090.334 4	7 750.225 1	9 856.761 3	12 527.442 4	15 909.824 2	20 188.966 5	25 596.663 6	32 422.868 1
36	7 492.111 3	9 611.279 1	12 321.951 6	15 785.577 4	20 206.476 7	25 842.877 1	33 020.696 0	42 150.728 5
37	9 216.296 9	11 918.986 1	15 403.439 6	19 890.827 6	25 663.225 4	33 079.882 6	42 597.697 8	54 796.947 1
38	11 337.045 1	14 780.542 8	19 255.299 4	25 063.442 8	32 593.296 3	42 343.249 8	54 952.030 2	71 237.031 2
39	13 945.565 5	18 328.873 1	24 070.124 3	31 580.937 9	41 394.486 3	54 200.359 7	70 889.119 0	92 609.140 5
40	17 154.045 6	22 728.802 6	30 088.655 4	39 792.981 7	52 571.997 6	69 377.460 4	91 447.963 5	120 392.882 7
41	21 100.476 1	28 184.715 2	37 611.819 2	50 140.157 0	66 767.436 9	88 804.149 4	117 968.872 9	156 511.747 5
42	25 954.585 6	34 950.046 9	47 015.774 0	63 177.597 8	84 795.644 9	113 670.311 2	152 180.846 0	203 466.271 8
43	31 925.140 3	43 339.058 1	58 770.717 5	79 604.773 2	107 691.469 0	145 498.998 3	196 314.291 3	264 507.153 3
44	39 268.922 5	53 741.432 1	73 464.396 9	100 303.014 2	136 769.165 6	186 239.7 178	253 246.435 8	343 860.299 3
45	48 301.774 7	66 640.375 8	91 831.496 2	126 382.797 9	173 697.840 3	238 387.838 8	326 688.902 2	447 019.389 0

附录 D 年金现值系数表

期数	1%	2%	3%	4%	5%	6%	7%	8%	9%	10%	11%	12%
1	0.990 1	0.980 4	0.970 9	0.961 5	0.952 4	0.943 4	0.934 6	0.925 9	0.917 4	0.909 1	0.900 9	0.892 9
2	1.970 4	1.941 6	1.913 5	1.886 1	1.859 4	1.833 4	1.808 0	1.783 3	1.759 1	1.735 5	1.712 5	1.690 1
3	2.941 0	2.883 9	2.828 6	2.775 1	2.723 2	2.673 0	2.624 3	2.577 1	2.531 3	2.486 9	2.443 7	2.401 8
4	3.902 0	3.807 7	3.717 1	3.629 9	3.546 0	3.465 1	3.387 2	3.312 1	3.239 7	3.169 9	3.102 4	3.037 3
5	4.853 4	4.713 5	4.579 7	4.451 8	4.329 5	4.212 4	4.100 2	3.992 7	3.889 7	3.790 8	3.695 9	3.604 8
6	5.795 5	5.601 4	5.417 2	5.242 1	5.075 7	4.917 3	4.766 5	4.622 9	4.485 9	4.355 3	4.230 5	4.111 4
7	6.728 2	6.472 0	6.230 3	6.002 1	5.786 4	5.582 4	5.389 3	5.206 4	5.033 0	4.868 4	4.712 2	4.563 8
8	7.651 7	7.325 5	7.019 7	6.732 7	6.463 2	6.209 8	5.971 3	5.746 6	5.534 8	5.334 9	5.146 1	4.967 6
9	8.566 0	8.162 2	7.786 1	7.435 3	7.107 8	6.801 7	6.515 2	6.246 9	5.995 2	5.759 0	5.537 0	5.328 2
10	9.471 3	8.982 6	8.530 2	8.110 9	7.721 7	7.360 1	7.023 6	6.710 1	6.417 7	6.144 6	5.889 2	5.650 2
11	10.367 6	9.786 8	9.252 6	8.760 5	8.306 4	7.886 9	7.498 7	7.139 0	6.805 2	6.495 1	6.206 5	5.937 7
12	11.255 1	10.575 3	9.954 0	9.385 1	8.863 3	8.383 8	7.942 7	7.536 1	7.160 7	6.813 7	6.492 4	6.194 4
13	12.133 7	11.348 4	10.635 0	9.985 6	9.393 6	8.852 7	8.357 7	7.903 8	7.486 9	7.103 4	6.749 9	6.423 5
14	13.003 7	12.106 2	11.296 1	10.563 1	9.898 6	9.295 0	8.745 5	8.244 2	7.786 2	7.366 7	6.981 9	6.628 2
15	13.865 1	12.849 3	11.937 9	11.118 4	10.379 7	9.712 2	9.107 9	8.559 5	8.060 7	7.606 1	7.190 9	6.810 9
16	14.717 9	13.577 7	12.561 1	11.652 3	10.837 8	10.105 9	9.446 6	8.851 4	8.312 6	7.823 7	7.379 2	6.974 0
17	15.562 3	14.291 9	13.166 1	12.165 7	11.274 1	10.477 3	9.763 2	9.121 6	8.543 6	8.021 6	7.548 8	7.119 6
18	16.398 3	14.992 0	13.753 5	12.659 3	11.689 6	10.827 6	10.059 1	9.371 9	8.755 6	8.201 4	7.701 6	7.249 7
19	17.226 0	15.678 5	14.323 8	13.133 9	12.085 3	11.158 1	10.335 6	9.603 6	8.950 1	8.364 9	7.839 3	7.365 8
20	18.045 6	16.351 4	14.877 5	13.590 3	12.462 2	11.469 9	10.594 0	9.818 1	9.128 5	8.513 6	7.963 3	7.469 4
21	18.857 0	17.011 2	15.415 0	14.029 2	12.821 2	11.764 1	10.835 5	10.016 8	9.292 2	8.648 7	8.075 1	7.562 0
22	19.660 4	17.658 0	15.936 9	14.451 1	13.163 0	12.041 6	11.061 2	10.200 7	9.442 4	8.771 5	8.175 7	7.644 6
23	20.455 8	18.292 2	16.443 6	14.856 8	13.488 6	12.303 4	11.272 2	10.371 1	9.580 2	8.883 2	8.266 4	7.718 4
24	21.243 4	18.913 9	16.935 5	15.247 0	13.798 6	12.550 4	11.469 3	10.528 8	9.706 6	8.984 7	8.348 1	7.784 3
25	22.023 2	19.523 5	17.413 1	15.622 1	14.093 9	12.783 4	11.653 6	10.674 8	9.822 6	9.077 0	8.421 7	7.843 1
26	22.795 2	20.121 0	17.876 8	15.982 8	14.375 2	13.003 2	11.825 8	10.810 0	9.929 0	9.160 9	8.488 1	7.895 7
27	23.559 6	20.706 9	18.327 0	16.329 6	14.643 0	13.210 5	11.986 7	10.935 2	10.026 6	9.237 2	8.547 8	7.942 6
28	24.316 4	21.281 3	18.764 1	16.663 1	14.898 1	13.406 2	12.137 1	11.051 1	10.116 1	9.306 6	8.601 6	7.984 4
29	25.065 8	21.844 4	19.188 5	16.983 7	15.141 1	13.590 7	12.277 7	11.158 4	10.198 3	9.369 6	8.650 1	8.021 8
30	25.807 7	22.396 5	19.600 4	17.292 0	15.372 5	13.764 8	12.409 0	11.257 8	10.273 7	9.426 9	8.693 8	8.055 2
31	26.542 3	22.937 7	20.000 4	17.588 5	15.592 8	13.929 1	12.531 8	11.349 8	10.342 8	9.479 0	8.733 1	8.085 0
32	27.269 6	23.468 3	20.388 8	17.873 6	15.802 7	14.084 0	12.646 6	11.435 0	10.406 2	9.526 4	8.768 6	8.111 6
33	27.989 7	23.988 6	20.765 8	18.147 6	16.002 5	14.230 2	12.753 8	11.513 9	10.464 4	9.569 4	8.800 5	8.135 4
34	28.702 7	24.498 6	21.131 8	18.411 2	16.192 9	14.368 1	12.854 0	11.586 9	10.517 8	9.608 6	8.829 3	8.156 6
35	29.408 6	24.998 6	21.487 2	18.664 6	16.374 2	14.498 2	12.947 7	11.654 6	10.566 8	9.644 2	8.855 2	8.175 5
36	30.107 5	25.488 8	21.832 3	18.908 3	16.546 9	14.621 0	13.035 2	11.717 2	10.611 8	9.676 5	8.878 6	8.192 4
37	30.799 5	25.969 5	22.167 2	19.142 6	16.711 3	14.736 8	13.117 0	11.775 2	10.653 0	9.705 9	8.899 6	8.207 5
38	31.484 7	26.440 6	22.492 5	19.367 9	16.867 9	14.846 0	13.193 5	11.828 9	10.690 8	9.732 7	8.918 6	8.221 0
39	32.163 0	26.902 6	22.808 2	19.584 5	17.017 0	14.949 1	13.264 9	11.878 6	10.725 5	9.757 0	8.935 7	8.233 0
40	32.834 7	27.355 5	23.114 8	19.792 8	17.159 1	15.046 3	13.331 7	11.924 6	10.757 4	9.779 1	8.951 1	8.243 8
41	33.499 7	27.799 5	23.412 4	19.993 1	17.294 4	15.138 0	13.394 1	11.967 2	10.786 6	9.799 1	8.964 9	8.253 4
42	34.158 1	28.234 8	23.701 4	20.185 6	17.423 2	15.224 5	13.452 4	12.006 7	10.813 4	9.817 4	8.977 4	8.261 9
43	34.810 0	28.661 6	23.981 9	20.370 8	17.545 9	15.306 2	13.507 0	12.043 2	10.838 0	9.834 0	8.988 6	8.269 6
44	35.455 5	29.080 0	24.254 3	20.548 8	17.662 8	15.383 2	13.557 9	12.077 1	10.860 5	9.849 1	8.998 8	8.276 4
45	36.094 5	29.490 2	24.518 7	20.720 0	17.774 1	15.455 8	13.605 5	12.108 4	10.881 2	9.862 8	9.007 9	8.282 5

期数	13%	14%	15%	16%	17%	18%	19%	20%	21%	22%
1	0.885 0	0.877 2	0.869 6	0.862 1	0.854 7	0.847 5	0.840 3	0.833 3	0.826 4	0.819 7
2	1.668 1	1.646 7	1.625 7	1.605 2	1.585 2	1.565 6	1.546 5	1.527 8	1.509 5	1.491 5
3	2.361 2	2.321 6	2.283 2	2.245 9	2.209 6	2.174 3	2.139 9	2.106 5	2.073 9	2.042 2
4	2.974 5	2.913 7	2.855 0	2.798 2	2.743 2	2.690 1	2.638 6	2.588 7	2.540 4	2.493 6
5	3.517 2	3.433 1	3.352 2	3.274 3	3.199 3	3.127 2	3.057 6	2.990 6	2.926 0	2.863 6
6	3.997 5	3.888 7	3.784 5	3.684 7	3.589 2	3.497 6	3.409 8	3.325 5	3.244 6	3.166 9
7	4.422 6	4.288 3	4.160 4	4.038 6	3.922 4	3.811 5	3.705 7	3.604 6	3.507 9	3.415 5
8	4.798 8	4.638 9	4.487 3	4.343 6	4.207 2	4.077 6	3.954 4	3.837 2	3.725 6	3.619 3
9	5.131 7	4.946 4	4.771 6	4.606 5	4.450 6	4.303 0	4.163 3	4.031 0	3.905 4	3.786 3
10	5.426 2	5.216 1	5.018 8	4.833 2	4.658 6	4.494 1	4.338 9	4.192 5	4.054 1	3.923 2
11	5.686 9	5.452 7	5.233 7	5.028 6	4.836 4	4.656 0	4.486 5	4.327 1	4.176 9	4.035 4
12	5.917 6	5.660 3	5.420 6	5.197 1	4.988 4	4.793 2	4.610 5	4.439 2	4.278 4	4.127 4
13	6.121 8	5.842 4	5.583 1	5.342 3	5.118 3	4.909 5	4.714 7	4.532 7	4.362 4	4.202 8
14	6.302 5	6.002 1	5.724 5	5.467 5	5.229 3	5.008 1	4.802 3	4.610 6	4.431 7	4.264 6
15	6.462 4	6.142 2	5.847 4	5.575 5	5.324 2	5.091 6	4.875 9	4.675 5	4.489 0	4.315 2
16	6.603 9	6.265 1	5.954 2	5.668 5	5.405 3	5.162 4	4.937 7	4.729 6	4.536 4	4.356 7
17	6.729 1	6.372 9	6.047 2	5.748 7	5.474 6	5.222 3	4.989 7	4.774 6	4.575 5	4.390 8
18	6.839 9	6.467 4	6.128 0	5.817 8	5.533 9	5.273 2	5.033 3	4.812 2	4.607 9	4.418 7
19	6.938 0	6.550 4	6.198 2	5.877 5	5.584 5	5.316 2	5.070 0	4.843 5	4.634 6	4.441 5
20	7.024 8	6.623 1	6.259 3	5.928 8	5.627 8	5.352 7	5.100 9	4.869 6	4.656 7	4.460 3
21	7.101 6	6.687 0	6.312 5	5.973 1	5.664 8	5.383 7	5.126 8	4.891 3	4.675 0	4.475 6
22	7.169 5	6.742 9	6.358 7	6.011 3	5.696 4	5.409 9	5.148 6	4.909 4	4.690 0	4.488 2
23	7.229 7	6.792 1	6.398 8	6.044 2	5.723 4	5.432 1	5.166 8	4.924 5	4.702 5	4.498 5
24	7.282 9	6.835 1	6.433 8	6.072 6	5.746 5	5.450 9	5.182 2	4.937 1	4.712 8	4.507 0
25	7.330 0	6.872 9	6.464 1	6.097 1	5.766 2	5.466 9	5.195 1	4.947 6	4.721 3	4.513 9
26	7.371 7	6.906 1	6.490 6	6.118 2	5.783 1	5.480 4	5.206 0	4.956 3	4.728 4	4.519 6
27	7.408 6	6.935 2	6.513 5	6.136 4	5.797 5	5.491 9	5.215 1	4.963 6	4.734 2	4.524 3
28	7.441 2	6.960 7	6.533 5	6.152 0	5.809 9	5.501 6	5.222 8	4.969 7	4.739 0	4.528 1
29	7.470 1	6.983 0	6.550 9	6.165 6	5.820 4	5.509 8	5.229 2	4.974 7	4.743 0	4.531 2
30	7.495 7	7.002 7	6.566 0	6.177 2	5.829 4	5.516 8	5.234 7	4.978 9	4.746 3	4.533 8
31	7.518 3	7.019 9	6.579 1	6.187 2	5.837 1	5.522 7	5.239 2	4.982 4	4.749 0	4.535 9
32	7.538 3	7.035 0	6.590 5	6.195 9	5.843 7	5.527 7	5.243 0	4.985 4	4.751 2	4.537 6
33	7.556 0	7.048 2	6.600 5	6.203 4	5.849 3	5.532 0	5.246 2	4.987 8	4.753 1	4.539 0
34	7.571 7	7.059 9	6.609 1	6.209 8	5.854 1	5.535 6	5.248 9	4.989 8	4.754 6	4.540 2
35	7.585 6	7.070 0	6.616 6	6.215 3	5.858 2	5.538 6	5.251 2	4.991 5	4.755 9	4.541 1
36	7.597 9	7.079 0	6.623 1	6.220 1	5.861 7	5.541 2	5.253 1	4.992 9	4.756 9	4.541 9
37	7.608 7	7.086 8	6.628 8	6.224 2	5.864 7	5.543 4	5.254 7	4.994 1	4.757 8	4.542 6
38	7.618 3	7.093 7	6.633 8	6.227 8	5.867 3	5.545 2	5.256 1	4.995 1	4.758 5	4.543 1
39	7.626 8	7.099 7	6.638 0	6.230 9	5.869 5	5.546 8	5.257 2	4.995 9	4.759 1	4.543 5
40	7.634 4	7.105 0	6.641 8	6.233 5	5.871 3	5.548 2	5.258 2	4.996 6	4.759 6	4.543 9
41	7.641 0	7.109 7	6.645 0	6.235 8	5.872 9	5.549 3	5.259 0	4.997 2	4.760 0	4.544 1
42	7.646 9	7.113 8	6.647 8	6.237 7	5.874 3	5.550 2	5.259 6	4.997 6	4.760 3	4.544 4
43	7.652 2	7.117 3	6.650 3	6.239 4	5.875 5	5.551 0	5.260 2	4.998 0	4.760 6	4.544 6
44	7.656 8	7.120 5	6.652 4	6.240 9	5.876 5	5.551 7	5.260 7	4.998 4	4.760 8	4.544 7
45	7.660 9	7.123 2	6.654 3	6.242 1	5.877 3	5.552 3	5.261 1	4.998 6	4.761 0	4.544 9

续表

期数	23%	24%	25%	26%	27%	28%	29%	30%
1	0.813 0	0.806 5	0.800 0	0.793 7	0.787 4	0.781 3	0.775 2	0.769 2
2	1.474 0	1.456 8	1.440 0	1.423 5	1.407 4	1.391 6	1.376 1	1.360 9
3	2.011 4	1.981 3	1.952 0	1.923 4	1.895 6	1.868 4	1.842 0	1.816 1
4	2.448 3	2.404 3	2.361 6	2.320 2	2.280 0	2.241 0	2.203 1	2.166 2
5	2.803 5	2.745 4	2.689 3	2.635 1	2.582 7	2.532 0	2.483 0	2.435 6
6	3.092 3	3.020 5	2.951 4	2.885 0	2.821 0	2.759 4	2.700 0	2.642 7
7	3.327 0	3.242 3	3.161 1	3.083 3	3.008 7	2.937 0	2.868 2	2.802 1
8	3.517 9	3.421 2	3.328 9	3.240 7	3.156 4	3.075 8	2.998 6	2.924 7
9	3.673 1	3.565 5	3.463 1	3.365 7	3.272 8	3.184 2	3.099 7	3.019 0
10	3.799 3	3.681 9	3.570 5	3.464 8	3.364 4	3.268 9	3.178 1	3.091 5
11	3.901 8	3.775 7	3.656 4	3.543 5	3.436 5	3.335 1	3.238 8	3.147 3
12	3.985 2	3.851 4	3.725 1	3.605 9	3.493 3	3.386 8	3.285 9	3.190 3
13	4.053 0	3.912 4	3.780 1	3.655 5	3.538 1	3.427 2	3.322 4	3.223 3
14	4.108 2	3.961 6	3.824 1	3.694 9	3.573 3	3.458 7	3.350 7	3.248 7
15	4.153 0	4.001 3	3.859 3	3.726 1	3.601 0	3.483 4	3.372 6	3.268 2
16	4.189 4	4.033 3	3.887 4	3.750 9	3.622 8	3.502 6	3.389 6	3.283 2
17	4.219 0	4.059 1	3.909 9	3.770 5	3.640 0	3.517 7	3.402 8	3.294 8
18	4.243 1	4.079 9	3.927 9	3.786 1	3.653 6	3.529 4	3.413 0	3.303 7
19	4.262 7	4.096 7	3.942 4	3.798 5	3.664 2	3.538 6	3.421 0	3.310 5
20	4.278 6	4.110 3	3.953 9	3.808 3	3.672 6	3.545 8	3.427 1	3.315 8
21	4.291 6	4.121 2	3.963 1	3.816 1	3.679 2	3.551 4	3.431 9	3.319 8
22	4.302 1	4.130 0	3.970 5	3.822 3	3.684 4	3.555 8	3.435 6	3.323 0
23	4.310 6	4.137 1	3.976 4	3.827 3	3.688 5	3.559 2	3.438 4	3.325 4
24	4.317 6	4.142 8	3.981 1	3.831 2	3.691 8	3.561 9	3.440 6	3.327 2
25	4.323 2	4.147 4	3.984 9	3.834 2	3.694 3	3.564 0	3.442 3	3.328 6
26	4.327 8	4.151 1	3.987 9	3.836 7	3.696 3	3.565 6	3.443 7	3.329 7
27	4.331 6	4.154 2	3.990 3	3.838 7	3.697 9	3.566 9	3.444 7	3.330 5
28	4.334 6	4.156 6	3.992 3	3.840 2	3.699 1	3.567 9	3.445 5	3.331 2
29	4.337 1	4.158 5	3.993 8	3.841 4	3.700 1	3.568 7	3.446 1	3.331 7
30	4.339 1	4.160 1	3.995 0	3.842 4	3.700 9	3.569 3	3.446 6	3.332 1
31	4.340 7	4.161 4	3.996 0	3.843 2	3.701 5	3.569 7	3.447 0	3.332 4
32	4.342 1	4.162 4	3.996 8	3.843 8	3.701 9	3.570 1	3.447 3	3.332 6
33	4.343 1	4.163 2	3.997 5	3.844 3	3.702 3	3.570 4	3.447 5	3.332 8
34	4.344 0	4.163 9	3.998 0	3.844 7	3.702 6	3.570 6	3.447 7	3.332 9
35	4.344 7	4.164 4	3.998 4	3.845 0	3.702 8	3.570 8	3.447 8	3.333 0
36	4.345 3	4.164 9	3.998 7	3.845 2	3.703 0	3.570 9	3.447 9	3.333 1
37	4.345 8	4.165 2	3.999 0	3.845 4	3.703 2	3.571 0	3.448 0	3.333 1
38	4.346 2	4.165 5	3.999 2	3.845 6	3.703 3	3.571 1	3.448 1	3.333 2
39	4.346 5	4.165 7	3.999 3	3.845 7	3.703 4	3.571 2	3.448 1	3.333 2
40	4.346 7	4.165 9	3.999 5	3.845 8	3.703 4	3.571 2	3.448 1	3.333 2
41	4.346 9	4.166 1	3.999 6	3.845 9	3.703 5	3.571 3	3.448 2	3.333 3
42	4.347 1	4.166 2	3.999 7	3.845 9	3.703 5	3.571 3	3.448 2	3.333 3
43	4.347 2	4.166 3	3.999 7	3.846 0	3.703 6	3.571 3	3.448 2	3.333 3
44	4.347 3	4.166 3	3.999 8	3.846 0	3.703 6	3.571 4	3.448 2	3.333 3
45	4.347 4	4.166 4	3.999 8	3.846 0	3.703 6	3.571 4	3.448 2	3.333 3